Clemens Fuchs

Der Flickschneider und seine Familie

Lebensbild mit Gesang in vier Akten

Clemens Fuchs

Der Flickschneider und seine Familie
Lebensbild mit Gesang in vier Akten

ISBN/EAN: 9783743485495

Hergestellt in Europa, USA, Kanada, Australien, Japan

Cover: Foto ©ninafisch / pixelio.de

Weitere Bücher finden Sie auf **www.hansebooks.com**

Der

Flickschneider und seine Familie.

Lebensbild mit Gesang in

vier Akten

von

FUCHS und STIX.

Mit außerordentlichem Beifall aufgeführt an Direktor **Fürst's** Volkstheater in Wien.

Verlag von Franz Kratz.

Wien 1871.

Druck von J. Hernfeld.

Personen:

Graf Sternberg.

Ferdinand, sein Neffe, Student.

Brenner.

Peter \
Paul / des Grafen Diener.

Lorenz Stich, ein armer Flickschneider.

Barbara, sein Weib.

Anna \
Hans \
Karl / seine Kinder.
Franzl /

Pünktlich, Steuerkommissär.

Gräfin Rothberg.

Mathilde \
Clotilde / ihre Töchter.

Susi, Brenners Dienerin.

Moses Feitel, Hausirerjude.

Wichtl, ein Commis.

Fanny, eine Handarbeiterin.

Ein armes Weib.

Ein Kommissär.

(Die Handlung spielt in einer Vorstadt Wien's, und zwischen dem 3. und 4. Akt liegt ein Zeitraum von einigen Monaten.

1 Akt.

Einfaches Zimmer mit ärmlicher Einrichtung, einer Mittel- und zwei Seitenthüren. Am Tische links vorne ist die Schneiderei, am Tisch rechts steht eine Schüssel mit Kartoffeln ꝛc.

.

1. Scene.

Carl, Barbara und Franzl (sitzen am Tisch rechts, beschäftigen sich mit Erdäpfelschälen und essen dabei).
Carl und Franzl (singen ohne Musik).

Die Glocken hat Zwölfe g'schlagen'
das is a Freud!
Denn das is die Stund für die
hung'rigen Leut!

Barbara. Aber Kinder seid's doch net gar solche Freßteufeln! Wie kann man denn gar so heiß-hungrig sein? Schaut's, daß Enk mit die heißen Erdäpfeln 'n Magen verbrennts, nachher kriegts 'n Magenkrebsen und s' Unglück is fertig! Es gibt für ein Menschen nix bessers, als wann er ein guten Magen hat. —

Carl (vorlaut). Na jetzt, daß wir ein guten Magen haben das beweist, daß wir alle Tag Erd-äpfeln essen müssen, und doch noch ka Wassersucht hab'n!

Barbara. Das kommt nur auf die Zubereitung an!

Carl (wie zuvor). Bereiten Sie's zu wie Sie wollen, wegen dem bleiben's doch alleweil Grund-birn.

Franzl (ein kleines Mädchen). Geh' red' net so dumm! Wenn wir ein Tag Erdäpfeln haben, so friegen wir den andern Tag Kar-toffeln nnd das wird doch Ab-wechslung genug sein!

Carl. Gnuar? gnuar haben wir nie, weils alleweil z'wenig werꝛ.

Barbara. Daß wär auch ka Fehler, wanns nur net so theuer. Aber jetzt kost's Pfund Erdäpfeln schon auf der Waag g'wogen — 10 kr. das is ja zum aus der Hautfahr'n.

Carl. Nach meiner Berechnung kost' a Pfund Schusterlabel'n viel weniger und das wäre doch a fa-mose Abwechslung, wann's resch sein.

4

Franzl. Geh' geh' Du gnaschtiger Ding! A neu'backenes Brod is a Luxusartikel, sagt unser Vater!

Barbara. Weil man sich die Zähn damit ruinirt — Unser Vater kommt mir überhaupt seit ein paar Tagen net richtig vor! Heut in der Früh' hat er mir a Zehnerl geben und hat g'sagt ich soll heut ein Butter zu die Erdäpfeln kaufen!

Carl (freudig) Was wir krieg'n heut an Butter? Ah, da muß ich gleich im Kalender nachschaun, was denn am heutigen Tag für a Namenstag is. —

Franzl. Soll diese Festivität vielleicht a Vorfeier sein für Morgen zu der Mutter ihr'n Geburtstag?

Carl. Seh'ns, Mutter, die dumme Gans verräth wieder das ganze Geheimniß, was ich Morgen vorhab. Sie wern spannen, ich sag Ihnen Morgen an Spruch auf, daß'n net amal a Sprachmeister so schön sprechen kann als wir i.

Barbara. Ja, unser Vater sagt's eh allweil, daß du noch einmal ein großer Redner wirst.

Carl. Drum sitz i a jetzt schon in der Schul auf der äußersten Linken und laß dabei 'n rechten Fuß über d'Bank hängen.

Barbara (steht auf). So, Kinder, jetzt schauts, daß wir in b'Küche kommen. Du, Franzl, hol' g'schwind um 8 kr. ein Butter und um 2 kr. ein Zwiebel (gibt ihr das Geld)).

Franzl. Juhe! Das wird heut a Essen wern (hüpft ab).

Carl. Und i werd derweil mein Spruch auswendig lernen (ab).

2. Scene.

Stich. (ein alter Flickschneider ärmlich gekleidet tritt mit einem Bündel untern Arm durch die Mitte ein).

Entreelied

Ja, meiner Seel betracht i b'Welt
Denk' i mir oft dabei
Ueberall gibt's jetzt sogar mit'n
Geld
A große Flickerei!
(wirft den Bündel auf den Arbeitstisch). Alle Schneider, Civil und Militär — Herrn und Frauenschneider hoch und nieder soll'n leben.

3. Scene.

Vorige Barbara. (v. rechts) Carl (v. links) Franzl (b. M.(Carl und Franzl (jubelnd) Und der Vater sammt Familie daneben!

Stich. Herrgott von Innsbruck, is das a Lebenlasserei! Kein Wunder wärs, wenn da wieder Fleisch theurer wird!

Barbara. Und's Brod klaner.

Carl v. Franzl (küssen Stich b. Hand) Vater wir küssen d'Hand.

Stich. Grüß Enk Gott, Kinder, (zu Barb.) Na und was ist's denn mit dir, Alte?

Barbara. Na soll ich Dir vielleicht d'Hand a küssen bei dem Elend?

Stich. Hast Recht, Alte. Weib,

das paßt net! In Norddeutschland is's eigentlich Mode, daß die Männer den Frauen die Hand küssen! Bei uns in Oesterreich is das aber net der Fall, weil wir kane solchen Simandeln sein (schaut sich um) Wo is denn die Anna und der Hanns?

Barb. Die Anna is liefern gangen und der Hanns hat sich stellen müssen! Wann der Bub Soldat wird — is das mein Tod!

Stich. Meiner net! Weil ma nachher no alleweil drei Lebende zu versorgen haben. Ich wollt' ich könnt noch a Soldat wern, i rucket glei ein, wenigstens hätt' i doch alle Tag Menagknödel statt den ewigen Erdäpfeln!

Barb. O, du herzloser Mann!

Stich. Was herzlos? Is das herzlos, wenn i mein Kindern was Guts wünsch? Ich frag dich, Alte, is jetzt a G'schäftsmann besser dran, als a Soldat? Erstens darf der Soldat keine Steuern zahlen, zweitens wird er vom Hausherrn net g'steigert und drittens hat er keine Concurrenz zu fürchten, weil er 'n Feind ausweichen kann, wann er z'schwach is, aber das verstehst du net, du alte Fledermaus!

Carl und Franzl. Aber der Vater is heut gut aufglegt!

Barb. Du bist ja heut als wie ausg'wechselt! Sag mir nur Alter, was is Dir denn?

Stich. Was ich hab? A Freud hab i und wann i Enk die Freud erzählt, so gibt's ein welterschütterndes Ereigniß und d'Wienerstadt

schlagt d'rüber d'Händ übern Kopf z'samm. —

Carl und Franzl. Was is denn g'scheh'n Herr Vater?

Stich. Eine merkwürdige Seltenheit, was einen selsamen Menschen wie i bin nur selten passiren kann.

Barb. Na, was is denn eigentlich? So red' doch!

Stich. Wie ich so in der Stadt geh und über mein Schicksal nachdenk, stürzt auf einmal ein junger, schmächtiger, schwarzgelockter Mann auf mich zu und fallt mir um den Hals. Er druckt mich an seine Brust und küßt mi ab als wie ein Haubenstock. Wie ich mich endlich aus seiner Umarmung losmach. Wer wars —

Carl und Franzl (neugierig) Na wer wars denn Vater?

Stich. Der Student, der vor 2 Jahren bei uns auf der Kammer logirt hat und der uns zufälliger Weis' noch 10 fl. schuldig is, die er mir heut mit größter Freude zurückgezahlt hat. (zeigt die Banknot) Da schauts her Kinder, ein funkelneuer Zehner Banknoten, is das a Glückstag! was?

Barb. (überrascht) Ein Zehner Banknoten!

Carl und Franzl. Was wern denn wir mit den vielen Geld anfangen?

Stich. Fragts net so dumm! Wißt's net, daß Morgen enk'rer Mutter ihr Geburtstag is? Dazu wern wir gleich den Banknoten wechseln lassen.

Carl und Franzl. Da wern wir famos gratuliren!

Stich. Ja wohl! Morgen muß bei uns zugeh'n, wie im ewigen Leben! Das heißt wann nix da= zwischen kommt.

4. Scene.

Vorige Steuerkommissär Pünktlich (tritt b. b M. ein und bleibt von Allen unbemerkt rückwärts stehen).

Franzl. Geltens! Herr Vater vom heutigen an krieg'n wir alle Tag Erdäpseln mit Butter?

Carl (bestimmt) Na, das is bo g'wiß!

Stich (lächelnd) Höher Peter! Warts i werd Enk für Morgen glei um die zehn Gulden s'Speis= zettel z'sammstellen. Erstensamal: a Ganselsuppen.

Carl und Franzl. O, mein Gott die Suppen is gut!

Stich Dann a schönes Rind= fleisch, da nehmen ma a Beiried.

Carl. Herr Vater mir a fetts!

Franzl Und mir a Mageres.

Stich. Dazu krieg'n wir a Paradeis=Sauce!

Carl und Franzl. Das wird à Leben, wie im Paradies!

Stich Dann krieg'n wir noch a g'schoppte Eipeldauergans so mit a 8 Pfund.

Franzl. Vater seh'ns 'n Carl lauft schon b'Ganselfetten über's Maul.

Stich (z. Carl) Is a Brod dazu, daß b'Dir 'n Magen net verbirbst!

Pünktl. (tritt vor) Entschul= digen Herr Stich, daß ich Ihre appetitliche Unterrednng einen Augenblick unterbrechen muß, denn nach dem was ich eben zufällig ge= hört habe dürfte ich wohl sehr schnell expedirt werd'n (zieht eine amtliche Schrift hervor) Ich bin vom Steueramt und bitte Sie Herr Stich um Salbirung dieser Kleinigkeit (gibt ihm die Schrift).

Stich (liest betroffen) 5 fl. Erwerbsteuer, städtischer Zuschlag 4 fl. 50 kr.

Pünktl. Und 50 kr. Crecu= tionsgebühr macht gerade 10 fl.

Stich (einfallend) Oesterreichi= scher Währung! (komischer Seufzer) Gebens her die Quittung und da habens die 10 fl. (gibt ihm's).

Pünktl. Danke schön, Herr Stich und wünsch viel Vergnügen zu der morgigen Tafel (geht M. ab).

Stich (liest nochmal die Quit= tung) 5 fl. Steuer 4 fl. 50 kr. Zuschlag. O, schlag zu Schicksal bis wir alle baschlag'n sind! Weib Kinder, unser Speiszettel is vor der Hand in Brunn g'fallen.

Carl und Franzl. Und wie gut uns das Essen g'schmeckt hat.

Stich. Kinder denkt's Euch der Herr oder uns hat's geben und's Steueramt hat's g'nommen! Sättigen wir uns derweil mit der erfüllten Bürgerpflicht.

Barb. Aber grad heut hat der kommen müssen! — So a Pech!

Stich. Ja, Alte, s' Steuer= amt hat kein Namenstag und Geburtstag sondern nur an Zahl= tag.

Carl und Franzl Und wir sein jetzt voller Hunger (weinen.)

Barb. Weint's net Kinder. Kommts in die Kuchel und eßt's derweil die Erdäpfeln z'sam (mit den Kinder rechts ab).

Stich. (Mit dem Bünkel vom Arbeitstisch.) Und ich werd da in mein Bünkel nachschaun, was ich für a Arbeit kriegt hab. Ich hab da drin an alten Rock zum Wenden, der Rock kommt mir aber so bekannt vor, als ob ich ihn schon amal von einen tragen hätt' gseh'n, der mir auch sehr bekannt ist. Die Steuer hab ich heut bezahlt, wo wir aber morgen was z'essen hernehmen, das weiß der liebe Gott. Es wird nix anders übrig bleiben, als ich transchir morgen meinen Steuerbogen und meine Kinder sollen ihn zum Frühstück mit G'sundheit verzehr'n! wenigstens wenn's amal gute Staatsbürger wanns jetzt schon die Steuern im Magen hab'n! — Und das ist das beste Renomée, was man einem in die Gruben nachsagen kann, wanns heißt: Der Mensch war brav und pünctlich, hat seine Bub'n dem Vaterland g'opfert und im Steueramt kane Schulden g'macht, hat aber schließlich verhungern müssen! — Na tröst'n Gott er ist gut aufg'hoben (trocknet sich die Augen, geht weinend links ab).

5. Scene.

Hanns (mit dem Rekrutensträußl auf d'Kappe tritt munter ein.)

Entreelied.

Ich komm von der Stellung jetzt kerzengrad
Und bin wirs mi anschann' heut worn a Soldat
Und weil mi als Wienerkind das net genirt
So habens mi zu Deutschmeister glei assentirt!
Drum hab' i mir gschwindi das Sträußl aufgsteckt
A Handgeld hab i in der Taschen mitbracht
Und ei'ruckeu muß i schon Morig'n auf b'Nacht
Mei Vater, mei Mutter, die wern lamentiru
Wanns mi mit'n Schießprügel seh'n exerziren.
Aber i — i werd sagen, gebt's a Ruh' miteinand
(Ich mach dem Soldatenstaub ewig ka Schand) rep.

(sehr resolut) Mein Vater werd ich die Hand reichen, mei Mutter drück ich an die Brust und mein Gschwistern gib i a Bußl und der Abschied ist fertig. Meine Eltern soll'n froh sein, daß i Soldat bin, weils darauf stolz sein können, daß i brauchbar bin, und i werd sie auch öfters aus Dankbarkeit mit an Labl Commißbrod begrüßen. Jetzt werd i mein Vatern mein ersten militärischen Rapport abstatten und werd ihm sagen (salutirend) Herr Vater ich melde Ihnen gehorsamst, daß i Soldat bin. — Auf das wird er mir sein väterlichen Segen geben und d'Mutter muß mir a Häfen voll Erdäpfeln sieden, die wern mitsammt der Montur ins Transporthaus mitgenommen, dort vertausch ich die Montur mit meiner Uniform und so oft ich als Soldat über ein Erdäpfelacker marschir, so salutir ich vor dieser Gottesgab mit der mich meine Eltern so mühsam aufzogen hab'n. (salutirt, links ab.)

6. Scene.

Anna (ärmlich aber nett gekleidet tritt haftig ein) Graf Sternberg folgt ihr geckenhaft nach)

A n n a (eintretend) Sagens mir eigentlich was Sie von mir wollen? Wann das die Hausleut g'sehn haben, daß mir ein fremder Mann nachlauft, so is der Auflauf fertig.

G r a f. Mein schönes Kind! Ich habe mit Ihren Eltern sehr Wichtiges zu sprechen?

Anna. Wann Sie mit mein' Eltern zu sprechen haben, warum habens dann hernach mir auf der Gassen aufpaßt?

G r a f. Weil Sie schönes Kind meine Wegweiserin sein sollten, denn wenn man einer so hübschen Vorlanferin nachlauft, kann man nicht irre gehen!

A n n a Ich glaub' Sie werden sich diesmal doch vergangen haben, denn diese Anträge, die Sie mir auf der Gassen angetragen haben, sind durchaus nicht am rechten Platz bei mir!

G r a f. Schönes Kind! Ich habe nur gesprächsweise versucht, Sie glücklich zu machen und das ist doch kein Verbrechen)

A n n a. Mein lieber Herr, ich bin zu kein Glück geboren, sonst wären meine Eltern net gar so unglücklich. (weint).

G r a f. Weinen Sie nicht schönes, Kind! Es wäre doch Jammerschade, um ihre so hübschen Aug'n.

A n n a. Was helfen mir meine schönen Augen, wenn ich damit nichts verdienen kann! Ich thu jetzt Handschuh'nähen, weil ich mir keine Nähmaschin kaufen kann, so verdien ich mir mit meine schön Augen net mehr als 40 kr. ein Tag und wann ich noch so fleißig bin! —

G r a f. Das sollten Sie aber nicht schönes Kind! Ich will Ihre Augen zu etwas Besserem verwenden. Sie sollten mein Spiegel sein in welchem ich mich wieder sehe.

A n n a. Hörns auf, wie ist denn das möglich?

G r a f. Lasse mich liebes Kind nur mit deinen Eltern darüber weiter sprechen, denen ich dann schon das Nähere begreiflich mache.

A n n a. Da bin ich doch neugierig (rechts hineinrufend) Frau Mutter kommens aussa!

7. Scene.

Vorige. Barbara (neugierig rechts).

Barb. Was gibts denn? Was is denn g'scheh'n! Ah du bist da, Anna! Hast a Arbeit bracht?

A n n a Nein Mutter die Wochen muß ich feiern! Aber der Herr hat in meiner Angelegenheit wegen mir sehr Wichtiges mit Ihnen zu sprechen. —

Graf. Ja wohl gute Frau! Wenn Sie mir Gehör schenken, so erlauben Sie mir die Versicherung, daß mir ihre Tochter sehr wohl gefällt.

Barb. (knieend) O, ich bitt so ein noblicher Herr! Zu viel Ehre! Aber wir geb'n unser Tochter in kein Dienst!

Graf (lächelnd) Was fällt Ihnen ein, gute Frau! Wer spricht denn von Dienst?

Barb. (verdutzt) Net! — Ja — zuwas brauchetens denn hernach meine Tochter? Etwa zu einer Geliebten? (heftig) Sie, das is nix! Zu einer Maitreße is unsere Anna viel zu gut! Wir habens in Ehre und Gottesfurcht erzogen.

Graf. (w. oben). Aber gute Frau! Wer spricht denn auch davon?

Barb. So? was woll'ns mit meiner Tochter denn hernach?

Graf. Heiraten will ich Ihre schöne Anna!

Barb. Hei-hei-heirathen? Sie gnädigster Herr! machens mit armen aber ehrlichen Leuten kein bloßen gnädigen Spaß? —

Graf. Durchaus nicht, mein vollkommener Ernst. Die Schönheit und Sittsamkeit Ihrer Tochter hat mein Herz für sie eingenommen, ch bien! Ich heirathe sie!

Anna (für sich) Auf das war ich net vorgseh'n.

Barbara. Ja net! Auf den Schrecken sein mir vielleicht die Erdäpfeln alle aufg'sprungen.

Graf. Nun gute Frau was hab ich zu erwarten? Will Sie mir ihre schöne Tochter zur Frau geben?

Barb. (ganz verdutzt) Das weiß ich selber net. Erstens kommts net auf mich an, sondern aufs Madel und zweitens, was mein Mann sagt.

Graf. Mein Gott! Euer armer Mann wird auch froh sein, wenn seine zahlreiche Familie weniger wird.

Barb. Ah nein, so denkt mein Mann net, der sagt, wo drei hungern kanns Vierte auch noch ein Appetit hab'n! Und so lang die Erdäpfeln g'rathen, wern wir net sterben! —

Graf. Und wie viel Kinder haben Sie denn?

Barb. Na in All'n z'sam' hätt'n wir halt jetzt 21. Aber inzwischen sein uns 17 g'storben, so sein uns halt 4 Stück überblieben.

Graf. Und diese 4 Kinder will ich alle versorgen. Auch Sie und ihren Mann, wenn Ihr mir eure schöne Tochter, nicht versagt.

Barb. Da muß i doch gleich mein Mann fragen, was den seine Meinung is (geht, ruft) Du, Alter geh' komm a bißl außer, s'is wer da!

8. Scene.

Vorige. Stich und Hanns. (beide v. links).

Stich (im Heraustreten) Is vielleicht schon wieder a Steuer-Commissär da?

Barb. (erſchroden) Heiliger Gott! Was ſieh ich! Der Hanns hat a Feldſträußl am Kappel! Biſt richtig a Soldat?

Hanns. (gibt ihr die Hand). Ja, Mutter, wir's mich ſeh'n, bin ich ein ganzer Deutſchmeiſter.

Stich. Sixt Alte, der Bub is unſer Stolz! (ſieht ſich um) Aber wer is denn der Herr da?

Graf. (z. Stich tretend). Ich wakrer Meiſter, bin Graf Stern-berg!

Barb. und Anna (erſchroden) Himmel! A Graf!

Stich. Sternelement und ka End! Da ſein ja Sie hernach von den Herrn Studenten, der vor 2 Jahren bei uns auf der Kam-mer logirt hat, der Herr Onkel? Ferdinand hat er g'heißen!

Graf. Ja wohl! Ferdinand Sternberg iſt mein Neffe und das iſt auch die Haupturſache meines Hierſeins. Ich wollte nämlich Er-kundigungen einziehen, wie ſich da-mals mein Neffe bei Ihnen ver-halten hat. —

Stich. Mein Gott, wie halt a jeder junger Menſch, wenn er luſtig is! Er wär vielleicht noch fideler geweſen, wenn ihm ſein Herr Onkel net ſo kurz g'halten hätt. —

Graf. Ich that nur was mir die Klugheit geboten, lieber Meiſter, hat der Junge damals viele Schulden gemacht?

Stich. Die ſind glaub ich ſchon Alle von Ihnen Herr Graf be-zahlt worden und bis auf'n letzten Zins, da haben's hängen laſſen.

Stellens Ihnen aber den Zufall vor, Herr Graf! Heut begegnet mir der junge Herr Ferdinand und gibt mir die 10 fl. die er mir vor 2 Jahren ſchuldig blieben is. Ich lauf mit die 10 fl. vor Freuden nach Haus und will uns Morgen zu meiner Alten ihren Geburtstag einen guten Tag an-thun! —

Barbara (einfallend) Derweil kommt der Steuerkommiſſär und nimmt uns die 10 fl. vor der Naſe wieder weg.

Stich. Ja, weil grad mein Rückſtand ſo viel ausg'macht hat.

Hanns. Auf die Art hätt un-ſer Mutter morgen zu ihren Ge-burtstag nix z'eſſen? Das kann ich als angehender Deutſchmeiſter nicht zulaſſen (greift in' Sack) Kommens her Mutter, da habens von mein Handgeld 2 fl. für Morgen auf a Koſtgeld.

Graf. Halt junger Mann das dürfen Sie nicht. Um das Hand-geld muß ſich der Rekrut die Kleinigkeiten beſorgen die ein bra-ver, anſtändiger Soldat bedarf, denn wenn er dies unterläßt bringt es ihm gleich eine ſchlechte Note in die Conduitliſte ein. Darf ich mir daher erlauben (zieht ſeine Brieftaſche) den Feſttiſch für den morgigen Geburtstag zu beſorgen?

Barb. Ich bitt woll'n Sie's net glei mein Mann ſagen was's mir vorhin g'ſagt haben? Wiſſens Herr Graf, damit's hörn was mein Mann ſagt bevor noch i was g'ſagt hab'n will.

Graf. Ja, lieber Meiſter, noch

ein Hauptgrund warum ich hier bin. Ich habe bereits bei Eurer Frau um die Hand eurer Tochter angehalten.

Stich (überrascht) So? Was? Tschau (z. Barb.) Na und was hast denn Du dazu g'sagt?

Barb. Ich hab g'sagt, ich muß erst Dich frag'n und Du wirst dann die Anna fragen und wann die Anna a Na sagt, so können wir a nix dazu sagen. —

Stich. Na und Du! Anna? Was is denn deine Meinung?

Anna. Der Herr Graf hat versprochen, wenn ich ihm heirath, daß er uns Alle, Vater, Mutter und G'schwister versorgen wird, auf das hin kann ich als brave Tochter nicht Nein sagen!

Stich. Was sagt denn aber dein Herz dazu?

Anna. Mein Herz, das muß früher unsern ehemaligen Kammerherrn frag'n n'Ferdinand (weinend) obs ihm recht is?

Graf. Meinen Neffen?

Anna. Ja, Herr Graf, Ihren Neffen. Wir haben uns vor 2 Jahren, wie er bei uns gwohnt hat am heiligen Abend wie wir in die Metten gangen sein in der Kirche bei ein Seitenaltar ewige Lieb und Treue g'schworen.

Graf. So muß ich denn doch von dem leichtsinnigen Burschen solche Dinge erfahren?

Stich (z. Anna) Davon hast Du mir aber nie was g'sagt?

Barb. Mir a net! Und i bin doch die Mutter!

Stich. Na und blu i vielleicht net der Vater? Du Alte?

Anna. Ich hätt auch für ewig verschwiegen, wenn mich net heut die Kindespflicht dazu gezwungen hätt', mein Herz vor Ihnen zu eröffnen!

Stich. Und Du glaubst, daß Dich der Student, a junger Graf und vielleicht a künftiger Minister. Dich, die Tochter eines armen Flickschneiders je einmal heiraten wird.

Anna. Das weiß ich net. Ich hab'n auch schon 2 Jahr net g'sehn. Er schreibt mir nur alle Jahr zu mein Namenstag ein Brief, wo immer drin steht, Dein Dich ewig liebender Ferdinand (weint).

Barb. Armes Madl! Weine nicht und tröst Dich an mir. Mi hat a Dein Vater so lang warten lassen. —

Stich. Red net so dumm! — das Unglück is noch zeitlich gnur gscheh'n!

Anna. Wann ich aber meine Eltern glücklich machen kann und der Herr Graf meine G'schwister versorgt, so bring ich in Gottesnamen meiner Lieb' das Opfer und reich n'Herrn Grafen die Hand. (geht auf ihn zu und gibt ihm die Hand.)

Stich. Halt Anna! Du taugst zu keiner Gräfin. Kannst französisch? Na, kannst Klavier spielen? Na! Kannst bis um 12 z'Mittag im Bett lieg'n bleib'n? Na! Du bist nur a arme Flickschneiderstochter, die blos an die Arbeit

und net ans noble Faulenzen ge=
wohnt is. ·Weiter aber will ich
mich mit Dein Herzen in kein Streit
einlaffen. Ich will Dich nur net
wegen uns unglücklich fehen, was
Du Dir felber amal vorz'werfen
haft, das geht mich niy an.
Graf. (tritt vor) Ich fehe,
raß ich es hier mit einer armen
aber braven Familie zu thun habe,
kann's auch meinen Neffen nicht
verargen, wenn er fich in das
hübfche Kind da über beide Ohren
verliebte. Ich fürchte nur, daß
der Junge einen Bubenftreich aus=
führen will, und das könnte ich
ihm nie verzeihen. (z. Stich) Neh=
men Sie zur Vorforge hier meine
Karte (gibt fie Stich, zu Barb.)
Und daß wir wieder auf Ihren
morgigen Geburtstag zurückkom=
men, fo laffen Sie mir die Freude
nicht rauben und nehmen Sie diefe
Kleinigkeit als meine geringe Feft=
gabe freundlich hin (gibt ihr die
Brieftafche). Ich werde Morgen
im Geifte an Ihrem kleinen Feft=
male theilnehmen! Nun denn
meine Lieben viel Vergnügen! —
(freundlich grüßend b. Mt. ab).
Hanns (falutirrend) Habe die
Ehre, Herr Graf! Herrgott (luftig)
von Hoch und Nieder das kann
Morgen a Freffen wern!
Stich. Gib her Alte (nimmt
die Brieftafche) Laß einmal fchauen
wie viel denn drin is? (fchaut)
1, 2, 3, 4, 5 Hunderter=Bank=
noten! 500 fl. Weib! Jetzt mach
ich mein Teftament. (finkt in
Stuhl).
Barb. Na fei fo gut! Aber

was thun wir denn jetzt mit die
Hunderter?
Stich. (fpringt auf) Ich habs!
Ja das g'fchieht.
Anna und Hanns. Was denn
Herr Vater?
Stich. Die 500 fl. fein fchon
vertheilt! A Jed's von unfere
Kinder kriegt 100 fl. in die Spar=
kaffa anglegt und 100 fl. behal=
ten ich und enker Mutter. Wo
fein denn der Karl und die kleine
Franzl?
Barb. In der Kuchel feins,
mir fcheint die haben fchon die
ganzen Erdäpfeln z'fammgeffen.
(ruft hinein) He Carl! Franzl!

9. Scene.

Vorige ohne Graf, Carl,
Franzl (treten Beide jedes mit
1 Erdäpfel in der Hand effend
aus rechts ein).
Carl und Franzl. Mutter!
b'Erdäpfeln fein fchon gar!
Stich. Unfer Herrgott g'fegn
enfs! Kommts her da Kinder!
Ich will für enkre Zukunft Sorge
tragen. Da nehmts a Jed's an
Hunderter=Banknoten in d'Hand
und betrachts'n recht gut, daß er
Euch in Gedächtniß bleibt, weil
Enk vielleicht in Euren Leben kaner
mehr unter d'Augen kommt. —
Benützt's den Augenblick für Eure
Ausbildung was ihr in der Schul
net lernen könnt's, denn Alles
kann Eng euer Lehrer lernen,
Schreiben, Lefen und Rechnen,
b'Sprachlehr und die Chriftenlehr,
aber nur net die Geldlehr, weil

der arme Lehrer felber nie ein's
hat. —

Franzl (zeigt auf b'Bankno=
ten) Vater! Was sein denn das
für Nadeln drauf?

Stich. Das sein vier unschul=
dige Kinder, die die Staatsschulden
decken müssen. —

Carl (wie Franzl) Und warum
is den die grüne Farb d'rauf?

Stich. Das is ja ka Farb,
sondern der Schimpl von den Sil=
ber für das ausgeben wern.

Hanns. Und der schöne Was=
serdruck der da drin is! (schaut
b. Bank.)

Stich. Das is das Sinnbild,
daß dem Volk immer die Hoffnung
zu Wasser wird, wanns glaubt,
daß amal a Silber dafür kriegt!
So Kinder jetzt gebts das Geld
wieder her und Morgen bring ich
ein Jeden ein Sparkassabüchel
dafür.

Brenner. (tritt b. Mitte bleibt
hernach horchend stehn).

Carl und Franzl. Na Vater
a bißerl laß uns noch anschaun!

Barb. Ich hab felber noch
kan so großen Banknoten in der
Hand g'habt! Is das heut a
wahrer Glückstag (betracht' den
Banknoten) Sixt, Anna! Das
kannst Alles haben, wenn du den
alten Grafen heirathen thäst.

Stich. (heftig) Alte! Noch amol
so ein Wort und i hol mir Nadel
und Zwirn und näh Dir Dein
unüberlegtes Maul z'samm!

10. Scene.

Vorige, Brenner,
(eine Wuchergestalt schwarz geklei=
det tritt in b. Mitte.)

Brenner (freundlich) Ah guten
Tag, Meister Stich! Ihr müßt
ja verflucht gute Geschäfte machen,
daß Ihr Euren Kindern Hunder=
ter=Banknoten zum Spielen gebt.
Eine kostspielige Spielerei oder
(auf Anna blickend) macht vielleicht
Eure große Tochter schon solche
Eroberungen? hehehe! —

Stich (energisch) Herr v. Bren=
ner, das is a Frag, die ich Ihnen
nur mit der größten Grobheit be=
antworten müßte, wenn Sie nicht
eine Kundschaft von mir wären.

Brenner. Ja und dazu noch
eine gute Kundschaft, weil Sie
noch immer die 400 fl. nicht be=
zahlt hab'n für die Sie sich vor
2 Jahren für den jungen Stu=
denten der damals bei Ihnen
wohnte, auf seinen Wechsel als
Girant verpflichtet hatten.

Anna. Was für'n Mußi Fer=
dinand?

Brenner. Ja wohl Ferdinand!
So heißt dieser leichtsinnige Mensch!

Stich. Und hat denn sein
Onkel, der Herr Graf v. Stern=
berg diesen Wechsel noch net ein=
g'löst?

Brenner. Lassen Sie mich
mit den Herrn Grafen in Ruh!
Mit dem will ich nichts zu thun
haben (zieht den Wechsel aus der
Brusttasche) Sehen Sie Herr Stich,
hier ist noch der unbezahlte Wech=

fel mit Ihrem eigenhändigen Giro, den Sie aber wahrscheinlich heute endlich bezahlen werden, da ich doch sehe, wie toll Sie heute mit dem lieben Geld umspringen.

Stich. Das war schon unvorsichtig von mir, daß i net früher die Thür zug'sperrt hab. —

Brenner. Ich ersuche Sie nur Meister Stich, sich nicht lange zu besinnen, widrigenfalls ich die gerichtlichen Schritte einleiten müßte. —

Stich. So? Da kämeten dann eine Massa Spesen auch noch dazu! Na, das will ich mir erspar'n, (z. b. Kinder) Geht's, Kinder, löst's enkern leichtsinnigen Vatern aus. Gebt's a Jedes den Hunderter wieder her. — G'seh'n habt's'n, wie er ausschaut und der Eindruck wird bei Enk g'wiß ein bleibender sein, (sammelt die Hunderter) So, bitte Herr v. Brenner! Da sein die 400 fl. die in unsern Händen ka Glück g'habt haben, vielleicht gedeihens in Ihren Händen besser. (gibt ihm das Geld). Ja, ich bitt um den Wechsel! (seufzend) Is das heut a Pech!

Brenner (nimmt von Stich das Geld, gibt ihm den Wechsel). Ich danke für die Bezahlung! Nun, Meister Stich, sind wir wieder gute Freunde. Leben Sie wohl und giriren Sie keinen Wechsel mehr. Haben Sie mich verstanden? Nie mehr! Adieu, lieber Meister! Hehehe! Adieu! (b. d. M. ab).

Barb. Na hörst, Alter! Is das heut a verruckter Tag! Zuerst

so viel Glück und nachher so viel Pech!

Stich (seufzend) Wer kann für sein Schicksal.

Letzte Scene.

Vorige, ohne Brenner.

Hanns. Herr Vater! Wann i jetzt schon mein Uniform ang'habt und mein G'wehr bei mir g'habt hätt', den hätt' ich niederg'schossen.

Stich. G'scheibt sein Hanns! Wir sein kane pariser Communisten! Wend' Du Dein Pulver zu was Besserem an, der alte Wucherer wär net amal an Schnß Pulver werth! — Carl, Franzl, kommts her da und schaut's den Wechsel an (zeigt ihnen denselben). Das is auch ein Gegenstand, den Enk Euer Lehrer nie zeigen wird, weil so a armer Schullehrer kan Credit hat! — Mit solchem Papier sein schon Fürsten zu Bettler wor'n und schon ganze Länder zu Grund gangen. Drum hüt's Enk und schreibt's nie Enkern Namen auf so an Fetzen, sonst könnt's Enks amal a so geh'n, als wie mir und i kann net amal was dafür?

Anna. Was g'schieht denn jetzt mit der Mutter ihren Geburtstag? —

Stich. Zu diesen Familienfesttag woll'n wir morgen den 5. Hunderter wechseln lassen, das heißt, wenn uns net wieder was dazwischen kommmt.

Carl und Franzl. Und was

g'schieht denn mit den Wechsel,
Vater?

Stich. Den gebts Enkrer
Schwester, der Anna als Heirathsgut, wann sie vielleicht der Zufall
mit ihr'n Studenten amal z'samm-
führt! (gibt Barb. b. Banknote).
Da hast Alte, geh' einkaufen was
gut und theuer is, Kaffee und
Zuckerhüt', a paar fette Juden-
gäns und bestell' ein Gugelhupf,
denn außer dein Geburtstag Mutter woll'n wir a gleich n'Hanns
sein Abschied feiern. — Komm'
her Hanns, heut g'hörst no in
unsere Mitte, heut' g'hörst no
uns, morg'n g'hörst schon 'n Kai-
ser (Alle umarmen Hanns). Sei
a braver Soldat und bleib dabei
ein guter Mensch. Betracht den
Civilisten als Dein Freund, dann
wirst Du als Soldat nie an-
g'feindt. Und wann Du amal in
die Schlacht kommandirt wirst, so
merk Dir das klane Lied.

(Schlußgesang).

Stich.

Sei Mensch in Frieden und in
      Krieg,
Bleib' Mensch zu jeder Zeit
Mach, als Soldat auch einen
      Blick
Hin in die Ewigkeit. —
Dort gibt's kan Soldaten, kan
      Civilisten arm und reich,
Denn dort sein alle Menschen,
Freund u. Feind, a Jeder gleich.

Alle.

Ja dort sein alle Menschen, Freund
    und Feind, a Jeder gleich.

(Bilden Alle eine Gruppe, Hanns
steht zwischen den Eltern, reicht
ihnen die Hände).

Der Vorhang fällt.

Actus.

2. Akt.

(Salon im Hause des Grafen Sternberg mit Mittel=
thür und Seitenausgang.

1. Scene.

Ferdinand (eine etwas burschi=
lose Erscheinung im Studenten=
Kostüm liegt vorne auf einem
Sofa (Peter und Paul) in Livreé
2 dicke Gestalten, stehen rückwärts
an der Mittelthür):
Ferdin. (Zigarrenrauchend)
Peter!
Peter (tritt vor) Hier.
Ferd. Paul!
Paul (sowie Peter) Hier!
Ferd. Sagt mir einmal ihr
ausgefressenen Maulthiere! Warum
bewacht Ihr mich auf Schritt
und Tritt wie mein eigener
Schatten?
Pet. O, auch wenn Sie sitzen
oder liegen, müssen wir Sie be=
wachen, denn so ein heißes unru=
higes Blut, wie in dero gräflicher
Cadaver circulirt, kann ohne Auf=
sicht gar nicht existiren! —

Ferd. Ich komme mir vor wie
ein Gefangener!
Paul. Da hätten Sie an uns
Zwei bestimmt die besten Gefan=
genwärter, denn wir behandeln
Sie gewiß mit der besten Huma=
nität.
Ferd. (steht auf) Das ist ein
schreckliches Leben, überall wohin
ich geh', schickt mir mein Onkel
einen von diesen Mastochsen mit,
Wie glücklich war ich noch, als
ich vor zwei Jahren die Kammer
bei dem ehrlichen Flickschneider
bewohnte und mit seinem reizen=
den Töchterlein schwärmte! —
Ich hatte zwar damals nie ein
Geld, aber dafür Freiheit im voll=
sten Maße! — Wie mag es wohl
der guten Anna geh'n?
Pet. u. Paul (treten vor.)
Was habens g'sagt?
Ferd. Nichts! Was kümmern
Euch meine Selbstgespräche? Zu=
rück! (thun es) Als ich gestern
ihren Vater die noch schuldigen
10 fl. gab, küßte mir der arme

Alte mit thränenden Augen die Hand. Ich wollte ihn nach seiner Tochter nicht fragen, weil (sich umsehend) diese zwei Civilisten hinter mir war'n.

Peter u. Paul (vortretend). Wünschens was?

Ferd. (heftig) Ja, Euch beide wünsche ich zum Teufel oder zu seiner infernalischen Verwandtschaft! — Zurück (thun es). Nur Eins quält mich noch, und das ist der Wechsel, auf welchem Anna's Vater als Girant fungirt. — Möge es der arme Mann nie bereuen, daß er mir so freundschaftlich gesinnt war. Wenn nur mein Onkel nichts erfährt, daß von mir noch einige Wechsel sich im Umlauf befinden.

Peter und Paul (vortretend), Schaffens was?

Ferdinand. Hört's mich Beide an? Könnt Ihr schweigen?

Peter. Wann's sein muß, bin ich stumm, wie ein Backfisch.

Paul. Und ich, wie ein saurer Stockfisch.

Ferd. Ihr seid mehr Haifische, die sich zwar nicht um's Geld seh'n lassen, aber doch Alles um's Geld thun. Ich will Euch daher auch ein Stück Geld verdienen lassen.

Peter und Paul. Aber nur wann's leicht sein kann (halten die Hand auf).

Ferd. Ihr müßt mich aber heute allein ausgehen lassen.

Peter und Paul (hastig) Der Herr Graf kommt (stellen sich wieder an die Thür).

Ferd. Verdammte Geschichte.

(nimmt ein Buch und setzt sich auf's Sofa).

2. Scene.

Vorige. Graf Sternberg (im Straßenkleide d. d. M.)

Graf. Nun, mein lieber Neffe, Du bist mit Deinen Studien beschäftigt? Recht so, mein Junge, nur auf diese Weise wirst Du unserm altadeligen Familienwappen alle Ehre machen (z. Peter u. Paul) Ihr könnt abtreten; (legt Hut ab) bleibt beide im Vorgemach und sollte Jemand kommen, meldet uns Denselben geziemend an.

Peter und Paul. Sehr wohl Euer gräfliche Gnaden (verneigen sich d. M. ab).

Graf. Nun, lieber Ferdinand, hör mich an. Als wir Deinen Vater, meinen geliebten Bruder, in die Gruft unserer Ahnen feierlichst zur ewigen Ruh' bestattet, übernahm ich, als Dein Onkel, die vormundschaftliche Aufsicht über Dich! Vermögen hinterließ Dir dein guter Vater kein's, und wie uns der alte Brenner, sein treuer Kammerdiener bei seinem Eide versicherte, war nach dem Tode Deines Vaters auch kein Testament vorhanden.

Ferd. (leichtsinnig) Diese langweilige Geschichte, lieber Onkel, haben Sie mir schon wiederholt begreiflich gemacht. Und da ich doch nicht so begriffstützig bin, so begreife ich nicht, warum Sie die Geschichte so oft repetiren. Es kommt ja immer doch dabei ein

2

Nichts heraus, und da sich Nichts von Nichts aufhebt, so müssen Sie mir etwas borgen, lieber Onkel, sonst ist mein ganzes Dasein eine reine Null in der Welt.

Graf. Ja leider! So hat Dein Vater, Gott laß ihn selig ruhen, auch immer gerechnet, und ich mußte ihm in früheren Zeiten immer und immer borgen.

Ferd. (ironisch) Dafür wird sein treuer Diener, der alte Wucherer Brenner, schon eine bessere Zahl herausbringen, wenn er das zusammenrechnet, was sich mein Vater an ihm verrechnet hat.

Graf. Denkst Du von den alten Brenner so schlecht?

Ferd. Ich denke von der ganzen Welt nichts Gutes und vom Brenner hab ich, so lange ich denk', nichts Gutes gehört. Ich warte nur die Gelegenheit ab, einmal als Mann selbstständig auftreten zu können. Ich schlage mich dann mit allen Teufeln auf Pistolen oder Säbeln. (macht gegen d. Grafen Fechtübungen) Seh'n Sie, Onkel, eins, zwei, drei, so!

Peter und Paul (rasch d. M.) Schaffen's was, Euer gräflichen Gnaden?

Graf. Nein!

Ferd. Abtreten oder ich pauke Euch Eure Fettwamse, auf daß ihr Euer letztes Stündlein schlagen zu hören vermeint! (geht in einer Turnerstellung auf beide los).

Peter und Paul (erschrocken) Na, wir müssen net von Allen haben! (b. d. M. ab).

Graf. Siehst Du, Ferdinand, was Du für tolle Streiche machst!

Ferd. Tolle! Ja aber niemals schlechte! Der Mensch muß in seiner Jugend austoben! Nicht wahr, lieber Onkel, Sie war'n auch einmal jung?

Graf (lächelnd) Das versteht sich, und ich muß Dir sagen, Ferdinand, ich fühle mich noch nicht zu alt, denn hör' einmal Junge ich hege ernstlich die Absicht endlich zu heiraten.

Ferd. Bravo! Auch ein toller Streich! Haha! Onkel! In ihren Alter und heirathen. Wollen Sie denn durchaus der gehörnte Siegfried werden! Ei, da schlage ja doch gleich ein Kreuz-Million-Donnerwetter drein. (schlägt mit beiden Händen auf'n Tisch).

Peter und Paul (haftig eintretend). Is was g'scheh'n?

Ferd. Hahaha! Ein toller Streich! Unser, — mein Onkel will noch heirathen, hahaha!

Graf (ärgerlich zu Pet. u. Paul) Was aber Euch zwei nichts kümmert! Abtreten!

Peter und Paul. Sehr wohl, Euer gräflichen Gnaden, (kopfschüttelnd ab).

Graf (verweisend). Du scheinst Dich über mich lustig zu machen. Und das sollte doch für Dich von sehr ernster Wirkung sein, denn, wenn ich heirathe, dürfte sich ein anderer Erbe meines Vermögens finden. —

Ferd. Aber lieber Onkel! Es wird doch das Ihr Ernst nicht

sein? Hahaha! Am Ende hat sich
der gute Onkel gar in meine
Flamme verliebt, der ich ewige
Lieb' und Treu' geschworen hab,
das wär doch gar zu toll! Hahaha!
Graf. (gezwungen lächelnd).
Da müßte doch nur der Zufall
eine Hauptrolle spielen, hahah!
Ferd. (komisch feierlich) Dann,
Herr Onkel, dann müssen Sie sich
mit mir schlagen! (stellt sich gegen
ihn) Wählen Sie Degen oder
Pistolen!
Graf. (ärgerlich) Nein, aber
meinen Stock werd ich auf Dir
tanzen lassen, leichtsinniger Junge.
Peter und Paul. (meldend)
Euer gräflichen Gnaden. Ein hüb-
sches Mädchen bittet aufzuwarten.
Graf (schnell), ein hübsches
junges Mädchen! Laßt sie ein-
treten. (Peter und Paul ab). Der
Zufall scheint mir günstig!
Ferd. (prahlerisch). Wenn Sie
jung und hübsch ist, gilt wohl der
Zufall mir!
Graf. (lächelnd). Nun wir
werden ja sehen!
Ferd. (drohend). Dann müssen
Sie sich schlagen mit mir, Onkel!

3. Scene.

Vorige. Anna (ein Umhäng-
tuch), einfach, aber nett gekleidet,
tritt ein, bleibt bei der Thür
stehen).
Anna. Herr Graf, verzeihen
sehen, daß ich mir die Freiheit
nehme!
Ferd. (halblaut) Himmel, s'ist
richtig die Anna!

Graf. Treten Sie nur näher,
mein schönes Kind!
Anna. Wenn der Herr Graf
erlauben, — (sieht Ferdinand, erschrickt). Der Ferdinand, unser
ehemaliger Kammerherr!
Graf. Weßhalb erschrecken Sie
so, liebes Kind?
Anna. (spricht langsam) Mir
is jetzt grad so, als wenn ich in
unsrer Kirche stünd', und es er-
schreckt mich wer, ders' net leiden will, daß ich amal am heiligen
Abend mit wem dort g'standen
bin, der mich bis jetzt steh'n ha-
lassen.
Ferd. (halblaut), Seh'n Sie,
Onkel, daß der Zufall mich be-
trifft!
Graf. Schweig, Ferdinand!
und Sie, liebes Kind, sprechen
Sie, was wünschen Sie von mir?
Anna. Ich hätt' an Ihnen sehr
a schöne Bitt', Herr Graf, das
heißt, wenn ich damit keine Ver-
drießlichkeiten in's Haus bring
und Sie mir Herr Graf das Ver-
sprechen geben, daß Sie d'rüber
net bös werd'n.
Graf. Ganz gewiß nicht!
Anna (naiv) Ihr Ehren-
wort zum Pfand!
Graf. (lächelnd) Auch das sollen
Sie haben. Nun sprechen Sie un-
gescheut!
Anna. Wie Sie gestern bei uns
waren, Herr Graf, und von meine
Eltern meine Hand begehrt haben —
Ferd. (eifersüchtig) A, bravo,
Onkel! Da hör ich schöne Sachen.
Sie gehen mir also in's Gai?

Graf. Schweig! Sprechen Sie weiter schönes Kind!

Anna. Da haben Sie uns großmüthig eine Brieftasche mit 500 fl. geben.

Ferd. Onkel! So treiben Sie's? Da muß ich Ihnen künftighin auch zwei Bedienten, als Beobachter mitgeb'n!

Graf. Schweigen sollst Du! (zu Anna) Nun was geschah mit dem Gelde?

Anna (seufzend). Eine sehr traurige Geschichte, Herr Graf! Unser guter Vater hat uns 4 Kinder von dem Gelde ein jeden a Sparkassabüchel kaufen woll'n. Derweil is aber a gewisser Herr von Brenner mit ein Wechsel zu uns kommen, und hat uns die 400 fl. wieder wegg'nommen, (weint).

Ferd. Wieder dieser Wucherer im Spiele.

Graf. (zu Anna) Haben Sie diesen Wechsel bei sich, lassen Sie ihn mir lesen!

Anna (gibt ihm den Wechsel). Hier ist er, Herr Graf.

Graf (nimmt und liest) Aussteller, Ferdinand, Graf v. Sternberg, und girirt, Lorenz Etich, (streng). Und da der leichtsinnige, junge Herr Graf nicht bezahlt hatte, so mußte der arme Flickschneider den Wechsel einlösen!

Anna. (für sich) Mein Gott, mir scheint, da hab' ich was Schönes ang'fangt! Ach, wenn ich das gewußt hätt' — hätt' ich den Schritt net gethan!

Ferd. (vorwurfsvoll) Und Du

Anna, die mir ewige Liebe hat g'schwor'n, Du konntest mir das thun? (setzt sich von ihr abgewendet).

Anna. (ängstlich). Aber Du lieber Himmel! Ich kann ja nichts dafür, ich wollte ja nur dem Herrn Grafen zeig'n, daß der Wechsel gezahlt ist, und daß Sie Mußi Ferdinand, nix mehr schuldig sein! Na, und weil mir mein Herr Vater den Wechsel, als Heirathsgut geben hat, so — —

Graf. (einfallend) So wollten Sie denselben heute hier einkaffiren!

Anna. (schnell) Nein, das net, Herr Graf! Sondern dort, wo der Mußi Ferdinand bei mir eine große Schuld gemacht hat.

Graf. Mein liebes Kin⸗, das geht ja nicht! Ferdinand ist noch zu jung, und obwohl sein Vater Graf war, ist sein Sohn doch nur ein armer Student! (tritt zwischen Beide). Ich will daher Euch Beiden einen bessern Antrag stellen. Du Ferdinand heirathest, unf'ren alten Adel aufrecht zu erhalten, eine Tochter der Gräfin Rothbura, und Sie, liebe Anna heirathen den reichen Grafen, Sternberg, nämlich mich), und wir werden Beide glücklich!

Ferd. (heftig). Wie Onkel! ich eine dieser Zierpuppen heirathen? Eher schlag ich mich mit der ganzen Welt!

Graf. Und was sagen Sie, schöne Anna?

Anna (verlegen). Ich muß

früher nochmals mit mein Herrn Vater reden!

Peter und Paul (meldend): Ein armer Flickschneider wünscht den Herrn Grafen zu sprechen.

Anna. Das wird mein Vater sein (spricht leise mit Ferdinand).

Graf. Eben recht, laßt ihn eintreten!

4. Scene.

Vorige. Stich (mit ein Bündel d. d. M.)

Stich. Sie erlauben schon, Herr Graf, wann i vielleicht stör', weil's g'rab ein weibliche Visit hab'n, aber die Sach ist zu ernstlicher Natur, und da muß man's glei ganz heiß transchir'n, eh's kalt wird.

Graf. Also lieber Meister, was bringen Sie mir Neues?

Stich. Ah! Neues is's nix, Herr Graf, sondern schon sehr was Altes! Ein uralter Rock (nimmt ihn aus den Bündel) der schon ganz aus der Mod' is, wie's'n no anno eins trag'n haben, wie der große Wind gangen is, hab' ich da, — (gewahrt Anna). Ja, was siech' ich da? Das is ja mei Anna? Ja, was thust denn Du, da? Hast Du vielleicht hamliche Visiten g'macht, von denen Deine Eltern nix wissen derfen?

Anna (gekränkt) Aber Vater, was denkens denn von mir?

Stich (streng) Ich denk' mir, daß Du da net her g'hörst, und wann ich das Deiner Mutter sag,

die denkt's sie vielleicht noch mehr von Dir, als i mir denk.

Graf. Geben Sie jeden bösen Gedanken auf, wak'rer Meister, Ihre Tochter ist in der besten — Absicht hier! —

Stich. So! hat sie vielleicht die Absicht, Ihnen zu heirathen, das könnt für sie a hübsche G'schicht werd'n, (sieht Ferdinand) Ah, was der Tausend! Der Herr Student, meine ehemalige Afterparthei, der bei mir auf der Kammer war, is auch da? Bei mir sein's freilich auszog'n, aber mei Tochter bringt ihnen net aus ihrem Herzenskammerl mehr heraus! Und da hilft a ka Aufsag und ka Steigern mehr, weil die Herzenskammerln alle zinsfrei sein!

Anna (schnell). Seh'ns Vater, das is auch die — Ursache, warum ich da bin!

Stich. Es is aber net schön, daß a junges Madl, den Männern gar in's Zimmer nachlauft!

Ferd. Wenn Sie von Ihrer Tochter so niedrig denken, müssen Sie sich mit mir schlagen, auf Degen oder Pistolen.

Stich. Oder mit meiner Schneider-Ellen! — Sagen's mir Mußi Ferdinand sein denn Sö noch alleweil so a heißblütiger Mensch, wie Sie früher war'n? Is ihnen denn net leid mit ihnerer Duellmuth um Ihr junges Leben, was Sie einmal bei was einbüßen können, was gar net der Müh' werth war, daß Sie deßwegen auf der Welt war'n.

Graf. Mir ganz aus der Seele

gesprochen, wak'rer Meister. Um aber auf die Ursache Ihres Be=suches zu kommen? —

S t i ch. Ja so! Wegen den Rock. Mit diesen Rock ist ein großes Geheimniß verbunden, Herr Graf (zeigt den Rock) Sagen's mir, Mußi Ferdinand, kennen Sie diesen Rock?

F e r d. (besieht ihn dann schnell) Ja wohl! Ja wohl! Mein seliger Vater trug ihn als Hausrock! Was soll's mit ihn?

S t i ch. St. Nur Geduld! Ganz richtig errathen! Was sich aber in diesem Rocke befunden hat, dürfte Ihnen ein Räthsel sein! Die Geschichte ist ganz kurz, aber wichtig! Ein Bünkeljud, der mir öfters durch kleine Reperaturen an seine zusammengeschacherten Kleidern ein klein Verdienst giebt, hat mir auch gestern diesen Rock zum Wenden übergeb'n und weil ich als Flickschneider nie a Post=arbeit hab, so bin ich auch gleich d'rüber gangen, um schnell a paar Kreuzer zu verdienen, damit ich meinen Kindern a frische Ladung Erdäpfel kaufen kann. Ich fang also den Rock zum Trennen an, und wie ich zum Kragen komm, was find ich drin? Dieses Docu=ment. (zieht eine Schrift hervor gibt sie dem Grafen).

G r a f. (öffnet überrascht). Das ist ja ein Testament meines seli=gen Bruders!

F e r d. (schnell) Meines Vaters?

S t i ch. Für ein Testament hab' ich die Schrift auch g'halten. Ich wollt's gleich auf die Polizei=Di=rektion tragen, weil aber die Poli=zei in neuester Zeit ohnedem so stark in Anspruch g'nommen is und ich zu späteren Laufereien auf's Gericht auch ka Zeit hab', hab' ich mir denkt, ich theil lieber den Herrn Grafen diesen wichtigen Fund mit!

G r a f (drückt Stich die Hand). Dafür sind wir Ihnen sehr dank=bar, ehrlicher Meister. Wie soll ich mir aber diesen glücklichen Zu=fall enträthseln?

S t i ch. Die G'schicht is ganz einfach. Den Rock hat von dem verstorbenen Grafen vermuthlich Einer kriegt, dem er später ge=stohlen is worn und der Jud hat'n zufällig von dem Dieb kauft, denn daß a Jud was stiehlt, das war noch gar net da. Sie lieben die gestohl'ne Waar, weil sie damit grad so viel verdienen, als wann's sie's selber g'stohlen hätt'n.

F e r d. Ich erinnere mich, daß sich Brenner nach dem Tode meines Vaters, als dessen Kammerdiener seine sämmtliche alte Garderobe, sowie einige Möbel angeeignet hat, und so hat auch Brenner, dem nur stets um das liebe Geld zu thun ist, dem Juden diesen Rock verkauft. —

S t i ch. Oder er is ihm g'stohl'n worn, wo der gute Herr Brenner gar nix dafür kann.

F e r d. (heftig) Den guten Herr Brenner soll der Teufel holen, dieser alte Filister muß sich mit mir schlagen!

S t i ch. Was fällt Ihnen denn ein! Wenn der Brenner schlecht

is, so wär's ja Schad um's Pul=
ver und wann er unschuldig is,
so wär's wieder Schad um sein
Leben. —

Graf. Das wird sich Alles
wohl herausstellen (liest im Testa=
ment) Hier handelt es sich um
ein bedeutendes Vermögen, um ein
Erbtheil von 150.000 fl., welches
theils in Staatspapieren theils in
Loosen in einem geheimen Fache
des Schreibtisches meines seligen
Bruders aufbewahrt ist!

Ferd. (jubelnd) 150.000 fl.!
Ein Hoch meinen edlen Vater, ein
Pereat dem Wucherer Brenner,
(plötzlich bestürzt) Onkel! Am
Ende hat Brenner die geheime
Lade schon entdeckt und die Papiere
bereits entwendet oder er hat arg=
los den Schreibtisch bereits ver=
kauft!

Graf. Dafür wird er uns
wohl Rede stehen müssen.

5. Scene.

Vorige. Moses Feitel, Pe=
ter u. Paul.

Feitel (ruft im Hofe). Nix
zu handeln! Nix zu handeln!

Stich (schnell). Das is mein
klein' Juden sei' Stimme, der mir
den seligen Rock von ihnern ver=
storbenen Herrn Vater zu Wenden
geben hat, der könnt das jetzt
gleich sag'n, von wem er den Rock
kauft hat.

Graf. Rufen Sie ihn schnell
herauf, lieber Meister!

Stich. (ruft d. Fenster) He!
Freund Moses! Da herauf im

1. Stock zum Herr Grafen von
Sternberg. Tummel dich Moses!

Graf. Der Jude muß als
Zeuge mit uns zu Brenner und
wenn sich ein Betrug herausstellt,
soll dann über den sauberen Patron
das Gericht entscheiden.

Feitel (streitend) Laß'n Sie
mir doch herein, zum gnädigen
Herr Grafen (tritt ein, Peter und
Paul folgen ihm).

Peter u. Paul. Wir müssen
ihn doch erst anmelden!

Feitel. Ich bin schon gemel=
det, vom Fenster aus, gemeldet. —

Graf. Nur näher, lieber Moses!
(z. Pet. u. Paul) Abtreten!

Peter u. Paul. Ah das ist stark!

Peter (zu Paul). Fangt etwa
der Herr Graf schon mit die Ju=
den zum Schachern an?

Paul. Fi donc! Wann wir
schon so weit san, sag i auf!

Peter. Ja! Bei einer solchen
Herrschaft länger z'dienen, verbiet'
mir mein Pontonier. Geh' ma.
(Beide ab).

Feitel. Parapluis unterm Arm
ein großen Bünkel auf den Rücken
tritt unterwürfig vor). Ich küß'
das Klad, gnädigster Herr Graf!
Womit kan i armer Schacherjud
Euer gräflichen Gnaden dienen?
Haben vielleicht wegzugeben an altes
Gewand? Eppas an Rock, an
Frack, a paar Hosen, a Gilet! Der
Moses Feitel kaft Alles, was gut
und billig von hohe Herrschaften,
und klane Beamte, von ehrliche
Dienstboten und arme Professioni=
sten, denn Mose s Feitel hat a güti=
ges Herz!

Stich. Und a gut's Maul! Der Moses soll den Herr Grafen über ein wichtigen Punkt Auskunft geben!

Graf. Es soll sein Schaden nicht sein, aber ich fordere die strengste Wahrheit.

Feitel. Soll mich Gott strafen, wann der Moses Feitel an anzigsmal gelogen! Gnädigster Herr Grofleben, examiniren Sie mich, ich werd' sagen die Wahrheit so wahr ich soll amal eingeh'n in den Schoos meiner Väter, Abraham! Isak und Jakob! — Also was belieben der Herr Graf zu wissen von ein armen unwissenden Hausirer!

Stich (zeigt ihm d. Rock) Kann sich der Moses noch erinnern, von wem der Moses den Rock da kauft hat, den er mir zum Wenden in's Haus gebracht hat?

Feitel (sieht, befühlt d. Rock) Gott Du gerechter! Warum soll ich nig können erinnern, von wem ich hab' gekauft um 1 fl. 50 kr. den alten Rock? Mir Juden haben doch ka kurzes Gedächtniß, daß wir Alles vergessen über Nacht, was is sein Geschäft! Nun ich hab' gekauft von aner alten Kundschaft, was mit mir macht Geschäft in alte Klader schon seit Jahren und Tag, von ein gewissen Herr v. Brenner, Privatier, eppes ä rarer Mann!

Stich. Und ob das a rarer Mann is! So rar, daß er schon am Raresten is!

Graf. Nun hör' er mich an, Moses!

Feitel. Ich bin ganz Aug' und Ohr, Euer gräflichen Gnaden!

Graf. Er wird uns Morgen erwarten beim Meister Stich und in unserer Gegenwart Herrn Brenner, wenn er es leugnet ins Gesicht sagen, daß er diesen Rock von ihm um 2 fl. gekauft.

Ferd. Verstanden; Mauschel!

Feitel. Wie heißt Mauschel? Ich heiße Moses Feitel hausierender Handelsmann aus Nikolsburg! Also warum Mauschel, junger Herrleben, (z. Graf) Gnädigster Herr Graf, ich werde sag'n den Herrn Brenner die Wahrheit in's Gesicht und wann er wird sagen er hat nix gekaft den Rock von mir um 1 fl. 50 kr. werd ich ihm nachsag'n ins Gesicht, daß is eppes a Ganef!

Stich (aufreibend). Und ich werd's bestätigen!

Graf. Gut denn, unsere Conferenz ist für heute zu Ende, also Morgen bei Meister Stich, auf Wiedersehen!

Stich (packt den Rock ein). Dieser stumme Hauptzeug' muß auch mit und dann woll'n wir, vier Mann doch, in den Wucher-Palais einmarschiren. So mein Bänkel nimm i wieder unterm Arm, mei Tochter aber nimm i bei der Hand (thut es) damit sie nach der Hand alle mitsam nix zu brennen hab'n! Also komm Hans und wann Dich das Schicksal zu aner Gräfin bestimmt hat, bleibt Dir der Graf auf ane (lachend) s'war freilich a g'spaßige Mariage, a Graf und a Flickschneiderstochter! Aber in der Welt g'scheh'n allerhand narrische Stückeln, drum behaupt ich a, daß die ganze Welt a Narrenthurn is! Nix für ungut, Herr Graf! — Jetzt komm, Anna, vielleicht bring ich Dich am Judentandelmark auf'n Curs. Du bist zwar ka Edelstein, aber Du hast a gute Fassung und merk Dir das, die Juden kaufen — ka schlechte Waar! (geht mit Anna, die Ferdinand einen zärtlichen Blick zuwirft ab).

Feitel (hebt seine Kram auf) Kennt sich aus der Mann bei unsere Leut, eppas a lustiger Mensch trotz seiner Armuth! Reichthum macht nicht allein glücklich, aber, gut is er (z. Grafen) Excellenz Herr Grofleben! Der arme, aber redliche Moses Feitel empfiehlt sich bestens dero hochgräflichen Gnaden und wann amal belieben abzulegen a altes Gewand, lassen Sie zukommen das bißl Beschores dem ehrlichen Moses Feitel aus Nikolsburg!

Graf (lachend). Ich mache keine derlei Geschäfte! Morgen bei Meister Stich auf Wiedersehn!

Ferd. (macht gegen ihm Duellstellung) Oder er muß sich mit mir schlagen auf Degen oder Pistolen!

Feitel (ängstlich). Waih! Machen Sie nig so Dumheiten! s'könnt doch losgeh'n (stürzt ängstlich ab). Waih geschrien. Er macht mich capores (d. d. M. ab).

Graf. Ich kann den morgigen Tag kaum erwarten! So viel ist aus dem Dokumente wohl zu ent-

nehmen, daß Du der Erbe von 150.000 fl. bist.

Ferd. (schnell) Wenn ich sie habe, dann wird flugs die schöne Schneiderstochter geheirat, sie hat ja ohnehin mein Wort bereits!

Graf (ernst) Ja Herr Neffe, wenn ich es als Vormund zugebe. Du hast blos die Wahl zwischen den beiden Töchtern der alten Gräfin Rothburg.

Ferd. Die Töchter haben rothe Haare und die haß ich, weil sie von Falschheit zeigen. —

Graf. Unsinn! Ein weiblicher Rothkopf ist gerade modern. Und bedenke, Ferdinand, unser alter Adel!

Ferd. Ei was, ich nehme mir lieber eine junge von der Nadel, in die Sie, Herr Onkel, ja selbst verliebt sind.

Graf. Ja ich — ich bin nicht Du! Deine Bestimmung ist unsern Stammbaum zu vergrößern! Du, Ferdinand, bist jung, hast eine große Zukunft vor Dir!

Ferd. (bestimmt) Die ich nur mit der Schneiderstochter glücklich verleben kann.

Graf (ärglich). Und ich werde diese Messaliance niemals zugeben!

Ferd. Dann müssen Sie sich mit mir schlagen auf Degen oder Pistolen!

Peter und Paul (meldend). Frau Gräfin Rothburg sammt Comtessen, Mathilde, Clotilde.

Graf (schnell). Sehr willkommen!

————

2*

6. Scene.

Vorige. Gräfin Rothburg Mathilde und Clotilde. (alle drei rothe Haare und Sommersproßen, sehr geputzt).

Rothb. Lieber Graf! Nous vons l'honneur im Terzett zu machen notre visite zum Familien-Quintett!

Graf. (begrüßend) Frau Gräfin, meine Hochachtung! Votre serviteur (ruft Peter und Paul) Stühle!

Peter und Paul. Sehr wohl, Euer gräflichen Gnaden, (stellen Stühle hin).

Ferd. Und ich werde unterdessen meinen Roman auslesen, die rothen Gespenster (nimmt ein Buch, legt sich aufs Sofa!

Graf. Wollen sich Frau Gräfin nicht an meine Seite placieren (setzt sich zu Tisch)

Peter. Bei dieser allgemeinen Niederlassung können wir uns auch nicht stehen lassen.

Paul. Wie die Herren so die Diener. (Beide setzen sich).

Math. und Clotilde (unter sich) Hier scheint es sehr langweilig zu werden.

Graf. (z. Pet. u. Paul) Was ist das für eine Art? Hinaus, ihr Schlingel!

Peter u. Paul (stehen schwer auf) Ob denn der Mensch an Augenblick a Ruh' hat (Beide ab).

Rothb. (z. Grafen) Nun lieber Graf, haben Sie schon in Betreff der Vereinigung unserer Familie einen bestimmten Entschluß gefaßt? Comment cher ami!

Graf. Allerdings, Frau Gräfin, ich sprach erst heute mit meinen Neffen darüber und ich erwarte nur noch einen entscheidenden Punkt in Betreff des Testamentes seines Vaters ab, das sich erst jetzt durch einen sonderbaren Zufall vorgefunden.

Gräfin. Eh bien! Und für welche meiner Töchter, die feurige Clotilde oder die sanfte Mathilde, hat sich das Herz Ihres Neffen entschieden.

Graf (verlegen). Darüber, liebe Frau Gräfin, scheint noch nichts absolutiv fest zu stehen. Nun, das wird wohl der letzte Augenblick erst klar machen! —

Ferd. (lesend). Und muthig nahm er ein Schwert und jagte die rothen Gespenster in die Flucht! —

Clotilde. Er liest noch immer! Sehr ungalant! Er nimmt gar keine Notiz von uns!

Math. Ah, das sind noch die ungezwungenen Studentenmanieren. Wird er nur erst mein Gatte, ich werde ihn schon durch Sanftmuth zu zähmen suchen.

Clotil. (heftiger) Nein Schwester! Wenn er mein Mann wird, werd' ich ihn auf andere Art und Weise zu cultiviren suchen. Ich werd' ihn gleichfalls ignoriren, feliren und tirannisiren!

Gräfin (z. Grafen). Ah, cher ami! Sehen Sie doch nur die beiden Kinder an! Die reine Unschuld selbst, par bleu! Wenn ich Ferdinand wäre, mir fiel ob Mathilde oder Clotilde, gleichfalls die Wahl schwer.

Math. und Clotilde. Aber Mama!

Graf. Sie haben recht, Frau Gräfin. Ihr Adel ist also sehr alten Stammes?

Gräfin. Ueber 500 Jahre! Die Veste meiner Ahnen, die deutsche Gaugrafen waren, ragt noch auf einen hohen Felsen bis zum Himmel empor!

Ferd. (z. Gräfin blickend) Ja, man sieht ihr sehr die alte Ritterburg an!

Math. Muß wohl sehr eine intreſſante Lektüre sein.

Clotilde. Gewiß! Der Graf Ferdinand vergißt seine ganze Umgebung darüber.

Gräfin (lächelnd z. Grafen). Hören Sie Graf wie ihn die Kinder necken. (spricht leise fort).

Ferd. (lesend) Trotz der rothen Gespenster, die sich wiederholt an ihn zu drängen suchten, führte der muthige Ritter endlich die schöne Anna heim! (schlägt lachend das Buch zu) Hahaha! das ist ganz meine Geschichte! (z. d. Mädchen wendend, sich erhebend). Ah! Meine Damen.

Math. (sanft) Schon ausgelesen, lieber Graf?

Clot. Fast wären wir auf das Buch eifersüchtig geworden.

Math. Muß wohl von sehr großem Interesse sein!

Ferd. Gewiß meine Damen. Es schildert in so lebhaften Farben, daß man (Beide scharf ansehend) die rothen Gespenster wirklich vor sich glaubt!

Clot. Was starren Sie uns denn so an, Graf? Sind denn wir diese Gespenster?

Ferd. (lakonisch). Noch nicht, aber Erscheinungen sind Sie jedenfalls!

Math. (sanft) Aber hoffentlich keine — Bösen!

Gräfin. Wie herzig sie mit ihm schäckern.

Graf. Ja, sehr viel Esprit.

Peter und Paul (meldend). Der Herr Baron von Silberstein!

Graf (rasch auf) Ah, mein Banquier! Laßt den Baron in mein Zimmer treten, ich komme gleich!

Peter u. Paul. Sehr wohl, gräfliche Gnaden (ab).

Gräfin (etwas consternirt sich erhebend) Wir wollen nicht — länger aufhalten, lieber Graf. Wir haben noch einige Visiten zu machen!

Graf (küßt ihr d. Hand) Nun denn au revoir meine Damen, au uvoir. (links ab).

Gräfin (eilfertig) Kinder wir gehen!

Math. u. Clot. Oui, Mama!

Ferd. Ah, das ist aber Schade!

Gräfin (z. Mädchen). Der Banquier, der uns gestern auf unsere Bittschrift 100 fl. gezeichnet, darf uns hier nicht treffen, sonst wird aus euerer gräflichen Parthie nichts, kommt Kinder! (z. Ferd.) Lieber Graf! adieu, au revoir! Dann hoffentlich, Entscheidung!

Math. und Clot. (nickend).
au revoir, cher ami!

Ferd. Wie, sie gehen schon?
(verneigt sich). Ist mir ein Ver=
gnügen!

Gräfin. Grüßen Sie uns
nochmals den Onkel! Au revoir
Allons mes enfants (ab).

7. Scene.

Ferd. (allein) Haha! Hat's die
alte Ritterburg plötzlich eilig. Da
lasse ich mir schon mehr Zeit, eine
von diesen rothen Rüben=Schön=
heiten als Braut heimzuführen.
Nein, mein liebes Aunchen! Dein
Ferdinand bleibt Dir treu! Wenn
auch meine Schaale rauh — hier,
(auf's Herz deutend) liegt doch
ein guter Kern! Und wie könnte
denn ich Dich jetzt, wo ich reich
geworden, schmählich sitzen lassen?
Die Welt hat ohnedieß selbst über
die unschuldigsten Begebenheiten
immer was zu reden, denn die Welt,
ja die Welt ist schlecht, sehr
schlecht! z. B.

Couplet.

Geht man mit einen Mädchen
Sonntags aus
Und bringt man sie nach Elf solid
nach Haus
Heißt's gleich ganz offen in der hal=
ben Stadt
Damane mit ihr ein Verhältniß
hat.
(spricht) Ein Hausherr darf nicht
einmal seine Köchin freundlich an=
sehn, da heißt's gleich. Na, so was,
denken Sie sich, neulich sah ich wie

der Herr v. Wurzinger sein Stu=
benmadl, — die Frau v. Wur=
zinger war nicht zu Haus, schleicht
sich an die Susi und zwickt sie —
(singt)
So is das gleich der Nachbarschaft
nicht recht
Denn die Welt ist so schlecht!
Die Welt ist so schlecht, (rep.)

2.

Ein junges Mädchen noch des
Abends spät,
Im schweren Seidenkleid spazieren
geht.
Ein Jeder, der sie sieht, bleibt
steh'n und stutzt
Und spricht: wie hat denn die sich
aufgeputzt?
(spricht) Allein soll sie nicht gehen,
mit Begleitung soll sie nicht gehen!
Wie soll sie denn geh'n, so a
arme Modistin. Aber die Läster=
zungen schreien gleich, so spat im
Mondenschein ganz allein und so
fein sie geht. — (singt)
So thut die Arme kein Menschen recht
Denn die Welt ist so schlecht x.
(rep.)

3.

Führt gar ein Greis ein junges
Weibchen heim,
Weil er geht spät noch auf dem
süßen Leim.
Stellt sich ein Wunder dann plötz=
lich heraus,
Da fliegt der Klapperstorch zu ihm
in's Haus!
(spricht) So, das is a Treffer für
die liebe Nachbarschaft! Da wird
gezischelt und gezaschelt ja — Du
o mein Gott! Hm, wer weiß
wer. — (singt).

So is gar nix der bösen Mensch=
heit recht
Denn die Welt 2c.

4.

Beim Schwender auf'n Sail sich
produzirt,
Aus London eine Dam' sehr
couragirt.
Das Publikum zahlt gern dafür
sein Geld
Zu seh'n ob Sie nicht einmal
runterfällt.
(spricht) Das ist eigentlich die
ganze Zugkraft, denn eine gefallene
Tänzerin zu seh'n, das ist für
unsere Lebemänner! — (singt).
Ein wahrer Hochgenuß, der Jedem
recht,
Denn die Welt 2c.

5.

In Baden=Baden ist's noch immer
voll,
Es wird dort noch immer Hazard
g'spielt wie toll
Sehr große Summen noch ver=
schlingt die Bank,
Und manches Portemonais wird
schwindsuchts krank!
(spricht). Mir erzählte ein von
dort kommender Freund, daß er
einen preußischen Abgeordneten,
der für die Aufhebung der Spiel=
höllen in der Berliner Kammer
mit sittlicher Entrüstung gesprochen
und gestimmt, mit 2000 Franks
Gewinn vom Roulett hat abgehen
sehen! — (singt).
Ob der die Bank noch jetzt auf=
heben möcht,
Jetzt wärs ihm wohl recht 2c.

6.

Als einst ein Diplomat zum Sultan
kam,
Sehr freundlich ihn der Sultan
gleich empfan,
Und unser Diplomat entzückt rief
dort
Constantinopel ist ein netter Ort.
(spricht) Er soll sich sehr aner=
kennend über die innere Einrichtung
des Harems ausgesprochen haben
und ein Journal = Correspondent
wollte bestimmt wissen, daß unser
Diplomat sogar — (singt).
So einem Zeitungsschreiber ist
nichts recht
Ja die Menschen sein schlecht 2c.

7.

Jüngst im Ballet im Opernhaus
saß
Ein alter Herr vor mir, der Alles
vergaß;
Sah' nach der Bühne nur mit
starrem Blick
Entzückt durch's Opernglas, das
war so dick.
(spricht) Im Zwischenakt wollt ich
ein Gespräch mit ihm anknüpfen,
fragte ihn um Dies und Das,
sprach von lateinischer Kunst und
was ihm besser gefiele, die mexi=
cäische Venus oder die saturani=
sche! Da sagt der alte Herr drauf,
sind beide sehr nett, aber die Sa=
tanella ist mir lieber. (singt).
Was so ein alter Herr noch möcht
Die Welt is so schlecht 2c.

8. Scene.

Graf Sternberg (aus links,
dann Peter und Paul v. M.)

Graf. Nun rasch zu meinem Freunde, dem Polizei=Commissär, Pfaffenschmidt ihm um seinen Rath und allfällige amtliche In=tervention in der Testamentsange=legenheit zu ersuchen (nimmt Hut, ruft Peter und Paul).

Peter und Paul. Euer gräf=lichen Gnaden befehlen?

Graf. Bleibt hier und laßt meinen Neffen nicht aus dem Auge, er soll meine Rückkehr erwarten! Also aufgepaßt Schlingel (ab).

Peter und Paul. Sehr wohl Euer gräflichen Gnaden!

Letzte Scene.

Peter u. Paul, dann Ferdin. (zum Ausgehen bereit.)

Peter und Paul. Die ewige Aufpasserei!

Peter. Was muß denn unser Alter so gnädig haben?

Paul (sieht Zigarren). Du, da schau her, da lieg'n Zigarren. Und lauter feine. Kosten wir derweil a Paar (nimmt mehrere, zündet eine an, steckt die andern ein).

Peter (ebenso) s'fein's Londres! Ein paar Zug können net schaden. (setzt sich in ein Fauteuille, Paul ebenso; während sie rauchen, sehen sich beide an) Sein mir a paar feine Kerls, ganz Cavaliere.

Ferdin. (schleicht aus rechts). Hahaha! Ich hab geerbt 150.000 fl. Meine Wächter halten Siesta! Jetzt fahr ich Ihnen ab und schnell b'rauf neue Schulden!

Peter und Paul (stark rau=chend ohne ihn zu bemerken) Das is schon der höchste Krenu! (schau=keln sich im Fauteuille, plötzlich lie=gen beide auf der Erde, sitzen mit dummen Gesichtern).

Der Vorhang fällt.

Aetns.

3. Akt.

(Einfaches Zimmer mit einer Mittelthür und links
eine Thür. An der Rückwand steht ein alter Glaskasten,
vorne links etwas seitwärts ein Schreibtisch mit Fä=
chern und Schubladen, ein Sessel rechts, ein Schreib=
pult, auf demselben ein großes Einschreibbuch)

1. Scene.

Brenner, Wichtl, Fanny.
Ein armes Weib (alle drei
stehen neben Brenner. Brenner
sitzt am Tisch.)
Entree=Terzett.
Wichtl, Fanny, armes Weib.
Auslösen und Versetzen
Sind wir Herr Brenner hier,
Der Pfänder Werth zu schätzen
Sie wissen mehr als wir;
Darum um alles in der Welt
Wichtl
Gebens mir mein Pfand
Fanni und Weib
Gebens mir a Geld! (zugleich rep.)
Brenner sich gegen sie
wendend)
Gut, gut, will Euch erhören,
Gebt Eure Pfänder her
Ich werd Euch nicht bethören,

Ihr kriegt doch nirgends mehr
(steht auf, und geht an seinen
Pult.)
Alle Drei (seufzend), Ach
ja! Ja ja, das wissen wir, drum
Herr v. Brenner sind wir hier.
(nach den Gesang) Zuerst die
Damen (freundlich grüßend zu
Fanny) No, mein Herzerl, was
wolln wir denn! Was hat man
denn Schönes zum Versetzen?
Fanny (gibt ihm Ohrgehänge).
Ich bitt, was krieg ich denn auf
die Ohrringeln?
Brenn. (prüft sie) Na, wie
viel glaubens denn?
Fanny 15 fl. habens kost,
werdens mir doch die Halbscheid
geben.
Brenner. Aber Schatzerl was
fallt Ihnen denn ein, höchstens
2 fl.
Fanny. 2 fl.! Ja, damit is
mir ja net g'holfen!

Brenner (heftig) Na will Sie net? Da warten noch andere Parteien! —

Fanny (seufzend) Na, in Gottesnamen! Weil is g'rad auf's Bettgeld brauch!

Brenner (schreibt in's Buch. dann den Schein, und gibt Fanny 2 fl.) Na alsdann! Was sau denn das hernach für Umständ? Da sein die 2 fl. — für'n Gulden 20 kr. pr. Monat; Abieu!

Fanny (wie zuvor) 20 kr.! In Gott'snam'! Küß d'Hand Herr v. Brenner!

Wichtl (b. Seite) Is das a alter Grasel.

Bren. (zum armen Weib) Was will denn d'Frau?

Weib (weinerlich) Ich, i thät gar schön bitten, Herr v. Brenner, mei' Mann liegt im Spital und z'Haus hab i a krank's Kind, was gebens ma denn auf mein Ehring, sonst (seufzend) hab' ich nix mehr zum Versetzen!

Bren. Hör' mir d'Frau zum Raunzen auf, ich kann die Flennerei net leiden! Anschau'n lassen!

Weib (zieht den Ring vom Finger und gibt ihn Brenner). Da is er, ich bitt, Herr v. Brenner!

Bren. (prüft ihn). Der Ring is leicht und hohl, Ehring hab'n überhaupt kein Werth bei mir. (gibt ihn zurück) Höchstens 70 kr.

Weib. Aber doch wenigstens 1 fl.

Bren. (etwas barsch). Geht net! Entweder oder! Hab ka Zeit!

Weib. Mein Gott! was will ich machen! Bitt, Herr v. Brenner, gebens mir halt in Gottesnamen die 70 kr.

Brenner (schreibt w. zuvor). Was ein die Weibsbilder aufhalten. So das is der Schein und da sein die 70 kr.

Weib (nimmt das Geld) Vergelts Gott! Herr v. Brenner! ich küss' d'Hand (will ab)

Wichtl. Wart d'Frau a Bißl (gibt ihr Geld). Da hat d'Frau 30 kr. drauf, damit d'Frau 1 fl. hat und schau sie, daß Ihr Familie bald wieder g'sund wird! Adieu!

Weib (kann vor Rührung kaum sprechen) J, i, sag Gott bezahlt's viel 1000mal (v. v. M. ab).

Wichtel. So Herr v. Brenner! Und jetzt zu unsern G'schäft (gibt ihn ein Versatzschein). Gebens mir mei gold'ne Uhr, das is mei' Schein — 20 fl. hab' i drauf. Da sein's sammt die Intressen!

Bren. (besieht d. Schein). Is schon zu spät! Da hättens gestern kommen müssen.

Wichtl (betroffen) Was! Weg'n an Tag?

Bren. Lesens, s'steht ja d'rauf. Bei mir muß Alles pünktlich sein!

Wichtl (heftiger) Das is ja die höhere Graslerei! Weg'n an Tag soll ich um 20 fl. mei goldene Uhr verlieren, die ein Andenken von mein Firmgöden is und über 100 fl. kost' hat? Das Stück spielens net! Ich geh' auf die Polizei! —

Bren. Und wann der Herr v. Wichtl zum Pontius und Pilatus geht, wird's 'n Herrn nix nutzen, ich hab' extra die Verkaufsschrift mit'n Herrn seiner eigenen Unterschrift in Händen, also kein Specktakel g'macht und ein andersmal vorsichtiger sein! Adieu!

Wichtl. Daß muß in die Zeitung und wann auch nei Uhr hin is, aber enk Hauptgrafel' — will ich's Handwerk leg'n! (stürzt ab)

Brenner (schnupft bedächtig) Hehehe! Wieder ein rentables Geschäftchen gemacht! Schrei und schimpf zu, deßwegen hab' ich doch die Uhr, hehehe! (geht an seinen Tisch) Die Uhr ist unter Brüder 80 fl. werth — 20 fl. hab' ich d'rauf gegeben, profitier ich 60 fl. — So was rentirt sich. (es wird geklopft).

3. Scene.

Brenner. Stich (Bündel untern Arm) dann Graf, Ferdinand lauschen an der Thür).

Stich. Servus Herr v. Brenner! — Servus!

Bren. (aufstehend) A, Meister Stich! — Was bringt denn Ihnen zu mir? Hat er vielleicht wieder acceptablen Wechsel? Bin jetzt leider nicht bei Cassa!

Stich. Nix Wechsel! Aber den Grundstoff hab' ich bei mir, aus dem auch die Wechsel, ...ils vom Papier sein, g'macht wor'n und so bring' ich jetzt einen alten Lumpen zum andern d. h. ich brauchet g'schwind 1 fl. und lasset

Ihnen derweil ein alten Rock zum Pfand da, den mir eine Kundschaft zum Repariren übergeb'n hat.. — Morg'n lös i 'n wieder pünktlich aus! —

Graf und Ferd. (öffnen leise d. Mittelthür).

Brenner. 1 fl. soll ich Ihnen leihen bis Morgen? Versteht sich 10 kr. Intressen! Nun, Meister, laß er mir den Rock einmal anseh'n! —

Stich (nimmt ihn aus den Bündel) Der Kragen is schon auftrennt, aber das macht nix, weil 'n grad' in der Arbeit hab. Ich muß'n Wenden und diese Wendung wird noch eine andere Wendung herbeiführen! —

Bren. (verdutzt). Das — das is ja (schnell) Wer hat ihn diesen Rock zum Repariren übergeb'n?

Stich. Ein' meinige Kundschaft. Frappirt Ihnen das so? Kennens vielleicht den Rock?

Bren. Ich — ich hatte einen ähnlichen.

Stich (lächelnd). Vielleicht is er's eppa gar. Haben's vielleicht ein Hausirer verkauft. —

Brenner (schnell vergessend). Einen Hausirer sagt er?

Stich (flegmatisch) Na! ja! Warum denn net! Das thun ja sogar d'nobelsten Leut, daß sie's alte G'wand in Hausirern geb'n, das is ja g'rad nix Unrechts!

Bren. (sich fassend) Das wohl nicht! Hm! Der Rock intressirt mich! Ich gib' ihm den Gulden d'rauf!

Stich (pfiffig). Ich glaub's!

3

Er thät Ihnen noch mehr intref=
firen, wenn Sie wüßten, was ich
beim Auftrennen in den Rockkra=
gen für a Schrift eing'naht g'fun=
den hab! hahaha! Da thärens
spannen, Herr v. Brenner!

Bren. (hastig). Eine Schrift?
Wo hat er die Schrift?

Stich (flegmatisch) Na der —
der Kundschaft hab' ich's überge=
ben, der, der Rock g'hört! —

Bren. Und was war der In=
halt dieser Schrift?

Stich. Ja das weiß i net, ich
hab's net gut lesen können, so ein
Art Testament!

Bren. (außer sich, schreiend).
Testament? (hält sich an Stuhl
an).

Stich. Was habens denn auf
einmal, Herr von Brenner? Wird
Ihnen net recht übel?

Bren. (heftig) Meister! Ihr
seid ein ehrlicher Mann!

Stich. Gott sei Dank! Der
bin i und bleibs, bis i stirb?

Bren. Führ' er mich zu jener
Kundschaft, die ihm den Rock zum
Repariren gegeben, ich muß um
jeden Preis den Inhalt dieses
Testamentes wissen, Meister, ich
geb' ihm dafür 5 fl. 10 fl. 20 fl.

Stich. Das ist gar nicht
nöthig! Denn sehens Herr von
Brenner, da kommt die Kundschaft
selber!

4. Scene.

Vorige. (Graf und Ferdinand
ziehen sich zurück und werden erst

vann wieder sichtbar nachdem
Moses Feitel eingetreten).

Moses Feitel (d. d. Mitte).

Brenner (überrascht). Der
Moses, der Hausierer!

Feitel. Ich, bins, was beliebt,
Herr v. Brenner, nix zu schachern,
nix zu handeln?

Bren. (sehr aufgeregt). Mo=
ses! Er ist zwar a Winkeljud, aber
deßhalb doch ein ehrlicher Mann!

Feitl. Wie haßt da n'Zweifel?
Der Moses Feitel aus Nikolsburg
is der ehrlichste Jud unter allen
Juden, was handel'n mit alten
G'wand von die christlichen Herr=
schaften! Sie kennen uns doch
Herr v. Brenner! Haben mir doch
gemacht unlängst eppas a klanes
Geschäft miteinander! Und hab'
ich Sie etwa beschummelt? Nur
um 1 Neukreuzer! Gott, Du Ge=
rechter! Nix um 2 Pfenninge!

Bren. Von dem is auch keine
Rede (dringend). Aber was ist's
mit der Schrift?

Feitl (überrascht). Wie haßt
Schrift? Was für a Schrift!

Bren. Die in diesen Rockkra=
gen eingenäht war und die ihm
der ehrliche Flickschneider wieder
übergeb'n.

Feitl. Woll mich Gott strafen,
wann ich der Moses Feitel aus
Nikolsburg eppes was von einer
eingenähten Schrift!

Stich. (lacht) Hahaha! Jetzt
gehts z'samm!

Bren. Diese Schrift gehört
mir es war mein Rock, den ich
ihm nebst anderen alten Kleidungs=
stücken verkauft habe.

Feitel. Ihr wirklicher Rock, Herr v. Brenner?

Ferd. Das lügst Du, alte Gaunerseele, es war der Hausrock meines seligen Vaters, den du dir widerrechtlich annectirt und in welchem das Testament meines Vaters sich vorfand, welches mich seinen einzigen Sohn zum Universalerben seines bedeutenden Nachlasses einsetzt.

Graf. So ist es und wir sind nun hier die Erbschaft laut Testament (zeigt es) in Empfang zu nehmen!

Bren. Ich, ich habe nichts vom seligen Herrn Vatern an baarem Gelde vorgefunden, denn ich, ich bin selbst ganz parplex über einen solchen Nachlaß, denn ich weiß von Nichts.

Graf. Und doch befindet sich das Erbtheil meines Neffen in seinem Hause und zwar (geht rasch zum Schreibtisch) in diesem Schreibtisch!

Bren. (ganz verlegen). In meinen Schreibtisch?

Ferd. (schnell). Nicht in seinen, in meines seligen Vaters Schreibtisch, den er Schuft sich ebenfalls annectirte, 150,000 fl in Staatspapiere und Losen!

Brenner (bricht zusammen). 150.000 fl. und ich alter Esel untersuche weder seinen Hausrock noch Schreibtisch! —

Graf. Es soll sich in dem Schreibtisch ein geheimes Fach vorfinden, welches den Nachlaß meines seligen Bruders birgt.

Bren. Herr Graf ich — ich weiß von keinen solchen Fach!

Stich. Haha! Das glaub ich schon! Sonst wär der treue Kammerdiener des seligen Herrn Grafen mit 150.000 fl. gewiß schon nach Amerika durchbrennt. Hab' ich Ihnen als Schneider ordentlich eingefädelt! Was?

Feitel. Gott Du Gerechter! Is das a wahres Glück, daß hat gekaaft um 1 fl. 50 kr. so an alten 150.000 fl. werthen Rock der ehrliche Moses Feitel von Nikolsburg, der ihn hat gegeben zum Repariren dem ehrlichen Flickschneider Lorenz Stich, der hat aufgetrennt den schleißigen Kragen von dem alten Rock und hat herausgenommen die Schrift und hat sie ehrlich übergeben dem rechtmäßigen Erben von die 150.000 fl. Was sagen denn der Herr v. Brenner zu dieser Wendung durch einen gewenten Rock mittelst Gottes Wendung?

Ferd. Lassen Sie uns jetzt, Onkel, an die Untersuchung des Schreibtisches gehen!

Graf. Warte noch einige Minuten bis mein Freund der Polizei-Commissär von Pfannenschmidt kommt, denn Herr v. Brenner soll nicht sagen, daß wir in seinem eigenen Hause eigenmächtig eingebrochen. Unter den Augen der Behörde soll die Untersuchung des Schreibtisches vor sich geh'n.

Bren. (erschrocken) Die Polizei gibt mir auch die Ehre?

Stich. Net wahr, Herr von Brenner, so a Auszeichnung is

halt a Freud, wann An gar die Polizei besucht und sich nach dem werthen Besinnen erkundigt. Haha! Vielleicht krieg'ns gar noch a Einladung zu ihr! Na wünsch gute Unterhaltung! Verdient hätten Sie's redlich!

Graf. Unnöthiges Aufsehen im Hause zu vermeiden, wird der Herr Commissär nicht in Uniform erscheinen. Sie sehen Herr von Brenner welche Rücksicht wir für Sie haben.

Feitel. Mit Rücksicht, Vorsicht und Nachsicht is es eppes a eigene Sach! Vorsicht nennt man die Mutter der Weisheit, dann ist die Rücksicht a Tochter der Freiheit und die Nachsicht die Tante der Dummheit. Was meinen Sie Herr Stich?

Stich. Ganz meine Ansicht, nur dürfen die Nachsicht und die Rücksicht net z'weit geh'n, weil man sagt, vor lauter Nachsicht zu viel Rücksicht brauchet!

Ferd. Lieber Onkel, da kommt der Herr Commissär.

5. Scene.

Vorige. Commissär (b. M.) Comm. (im Eintreten) Wohnt hier Herr v. Brenner?

Graf (entgenschreitend) Ja, wir danken Ihnen für Ihre Bemühung, Herr Commissär.

Brenn. Ich bin gänzlich unschuldig — Herr Commissär!

Ferd. Bloß indirekt betheiligt an der Unterschlagung des Testamentes meines seligen Vaters!

Stich. Ja, wann net ich den seeligen Herrn Grafen beim Kragen abgefaßt hätt', könnt sein Herr Sohn no alleweil nix fassen (Geld zählend).

Feit. Ich bin doch an ehrlicher Mensch, aber weiß Gott, in der Näh' der löbl. Polizei wird mer immer so g'wiß flau, so curios ums Herz!

Graf. Nun denn, Ferdinand, da der Herr Commissär zugegen, machen wir uns an die Untersuchung des Schreibtisches meines seligen Bruders! Herr Brenner öffnen Sie sämmtliche Laden.

Brenner. Gleich, gleich, Herr Graf (sucht zitternd in allen Säcken) Wo hab ich denn nur gleich den Schlüssel dazu?

Stich. Was suchens denn? (zeigt hin) Er steckt da ja eh'. Sie sehen ja schon gar nimmer. — — Is Ihnen so's schlechte Gewissen in die Augen g'fallen, daß's schon völlig blind sein?

Bren. (öffnet alle Laden). So Herr Graf, ich bitte.

Graf. Nun leeren Sie die Laden aus!

Bren. Ausleeren? Ganz ausleeren?

Com. Nun ja doch!

Stich (besieht die Laden) Teufel was der Herr v. Brenner, da drin für schöne Sachen hat. (ironisch) Gewiß lauter mühsam erworbene Schätze!

Feitel (ebenso) Gott über die Welt die feinen Uhren. Die Kettel und Ringel! Alles echt, nix von

Talmud — will ich sagen Talmi=
gold, daß wär a Geschäft!

S t i ch. Gewiß lauter versetzte
Pfänder, denn der Herr v. Bren=
ner hilft auf diese Art gern den
armen Leuten aus.

C o m m i s s ä r (streng zu Bren=
ner) Herr Brenner! Darüber ist
mir schon wiederholt Anzeige ge=
macht worden, Sie werden sich
darüber zu verantworten haben!

B r e n. Ich — ich bin ganz
unschuldig Herr Commissär!

C o m m i s s ä r. Das wird sich
zeigen! Nun, Herr Graf der Tisch
ist ausgeräumt, beginnen Sie ihre
Nachforschung. —

G r a f (suchend). Hm! Ich bin
nicht im Stande nur die leiseste
Spur eines geheimen Faches zu
entdecken!

F e r d. Und doch ist es der
Schreibtisch meines Vaters oder
(packt Brenner heftig) Du hast
bereits die Papiere gestohlen und
jede Spur davon vernichtet! —

B r e n. Barmherzigkeit Herr
Graf! Ich schwörs, ich bin unschul=
dig, ich habe von einem Testament
und einer Erbschaft gar nix gewußt.

C o m. Hat Ihnen denn der Herr
Graf seine Kleider und Möbeln
vermacht?

B r e n n e r So — so eigentlich
vermacht grad nicht, Herr Com=
missär! Aber ich war durch 15
Jahre sein treuer Kammerdiener
und meine Anhänglichkeit an den
seligen Herrn Grafen ---

S t i ch (einfallend). Hats halt
g'macht, daß er sich Alles ang'hängt
hat, was der Herr Graf an Klei=

dern und Möbeln hinterlassen hat.

C o m. (zu Brenner) Das hätten
Sie Alles dem Sohne des Herrn
Grafen, als ehrlicher Mann und
treuer Diener übermitteln soll'n.

B r e n. So altes Gerumpel hab'
ich mir dacht, wird der junge Herr
Graf gar nicht estimieren!

S t i ch. Und darum hat's der
Herr v. Brenner aus purer An=
hänglichkeit b'halten! s'is aber a
Glück, Herr Commissär, sonst wä=
ren wir zu dieser Testamentsauf=
findung gar net kommen!

C o m. Haben Sie das geheime
Fach, von welchen doch in dem
Testament Erwähnung geschieht,
noch immer nicht gefunden?

G r a f. Alles Suchen ist verge=
bens!

F e i t e l. Erlauben Sie gnädig=
ster Herr Graf, einen einfältigen
Juden eppes an Vorschlag zu machen!
Reißen Sie amal t.e Hinterwand
los vom Tisch, s'is ja gleich wie=
der ang'leimt!

S t i ch. Da hat der Hausirer
recht! Wann der Herr Commissär
erlauben, gleich is g'scheh'n. (reißt
die Rückwand los) Richtig, is a
Doppelwand.

F e r d. (langt haftig hinein,
zieht freudig, zitternd zusammen=
gebunden Papiere heraus). Vik=
toria! Land! Land! Amerika ist
entdekt (umarmt Feitel). Laß' Dich
umarmen, zweiter Columbus!

F e i t e l (trocknet die Thränen).
Du Gott Abrahams, Isaks und
Jakobs hast geseh'n, a nobler Graf
hat umarmt an armen Winkel=
juden!

Graf (nimmt die Papiere, sieht sie durch). Ferdinand! Erbe von 150.000 fl, (umarmt ihn). Alles ist in Richtigkeit! Ich, gratulire Dir! Herr Commissär, nochmals unsern Dank für Ihre Bemühung.

Com. Nun, weil Sie nur keiner Täuschung entgegen gingen.

Stich. Herr Graf! Net mehr blos Herr Student, ich gratulire und zugleich im Namen der Meinigen.

Ferd. (reicht ihm die Hand). Ehrlicher Meister und ehemal'ger Quatierherr, wir bleiben die Alten!

Feitel. Schad, daß der junge Herr Grafleben nix kann brauchen eppes a feines Gewand aus'n wandelnden Kleidermagazin des ehrlichen Moses Feitel aus Nikols=burg (zu Brenner) und Sie lieber Brenner, eh' Sie wieder verkaufen an alten Rock, untersuchen Sie eppes a bißl sein Kragen!

Bren. (für sich) 150.000 fl. 3 Jahre lang in meinem Schreibtisch und ich hatte keine Ahnung davon!

Letzte Scene.

Vorige. Gräfin Rothburg (d. M.)

Gräfin (eintretend) Bon jour! Herr von Brenner. Haben Sie mein Gesuch an General Degen=feld fertig?

Graf (überrascht). Wie Frau Gräfin Sie hier?

Gräfin. Himmel der Graf! (fassend) Ja, ich bat Herr Brenner für eine verarmte Familie an

General Degenfeld eine Bittschrift aufzusetzen, die ich im Namen der Bedrängten überreichen und persönlich befürworten wollte.

Graf. Mecht Ihrem milden Herzen alle Ehre Frau Gräfin. Herr Brenner ist eben beschäftigt.

Stich. Ja die Arbeit hat'n arg'griffen. Er is schon mehr hin.

Com. (fixirt d. Gräfin) Wenn die rothen Haare nicht wären! Und doch ich täusche mich nicht.

Graf. Frau Gräfin Rothburg präsumtiv Schwiegermama meines Neffen Ferdinand — Herr Commissär v. Pfanschmidt!

Gräfin (verwirrt) Commissär Pfanschmidt (hält ein Tuch vors Gesicht). Sehr en chantirt. Die Herren entschuldigen, ein plötzliches Unwohlsein (will ab.)

Comm. Gräfin Rothburg. Sie ist es, die Schwindlerin, die als falsche Gräfin alle Herrschaften mit ihren Bettelbriefen belästigt! (laut) Frau Müller! Darf ich um Ihren Arm bitten. Sie huldigen auch der Mode plötzlich — rothe Haare zu tragen!

Gräf. (erschrickt). Er hat mich erkannt. Nun bin ich verloren!

Alle (erstaunt) Frau Müller und falsche Haar!

Comm. Lieber Herr Graf! Aaf mein' Bureau werde ich Ihnen das Räthsel lösen (z. Gr.) Frau Müller, folgen Sie mir ohne Säumniß, um nun jedes Aufsehen zu vermeiden, werde ich Sie nach ihrer Wohnung begleiten. Wir sehnten uns schon lange nach Ihrer Bekanntschaft. Meine

Herren, wir sprechen uns morgen. (ab.)

Stich. Wenn schon a Gräfin quasi arretirt wird, darfs Ihnen a net viel genieren!

Feitel. Gott über die Welt! Da konnt man doch rein meschugge werden! Eppas hat mei Kalle aach falsche Haar?

Brenn. (fällt d. Grafen zu Füssen.) Herr Graf, reden Sie bei dem Herrn Commissär ein gnädiges Wort für mich. Lassen Sie ein alten Mann nicht unglücklich machen!

Graf. Nun, wir werden sehen, was sich für Sie thun läßt. Wir verzeih'n Ihnen.

Brenn. (küßt dem Grafen die Hand.) Tausend Dank.

Ferd. Gottlob! daß ich die rothen Gespenster los bin, nun bin ich in Wahrheit ein reicher Erbe und freier Mann, kann jetzt meine Anna heirathen.

Graf. Nein lieber Neffe, du gehst jetzt auf Reisen. (b. S.) Das beste Mittel ihm das Mädchen aus dem Kopf zu bringen.

Stich. O ich bitt Herr Graf! Wir woll'n uns in a so a noblige Familie net aufdringen. Gott behütt', mei Tochter muß sich als die Tochter eines Flickschneiders auch auf's Trennen versteh'n. — Komm Moses. gehen wir wieder schachern und flicken!

(singt,) Ah Schneiderwerkstatt is die Welt,
Da bleib i fest dabei,
Und's Schicksal is der Schneider der
Besorgt die Flickerei.
Bald naht a Paarl fest er z'sam'
Bald trennt er andre zwa
Und gnau betracht heißt's oftmals nix
Die ganze Schneiderei.   (rep.)

Alle. Und gnau betracht heißt's oftmals nix
Die ganze Schneiderei.

Gruppe.

Brenner ist in sich versunken, Graf und Ferdinand umarmen sich, ebenso Stich und Feitel.

Aetna.

4. Akt.

(Zimmer bei Stich wie im 1. Akt. Es ist Abend. Auf dem Tisch brennende Kerze.)

1. Scene.

Barbara tritt mit Wichtl von links ein,)

Barbara. Ja, wie g'sagt, Herr Wichtl, Ihren schätzenswerthen Antrag' in allen Ehren, wann Ihnen unsre Anna mag, ich, als Mutter hab gar nix dagegen ein= zuwenden, aber zum heirathen kommandiren thu i und mein Alter unser Kind a net.

Wichtl (zaghaft) Ja seh'ns, Frau Stich! Wann i das eben wüßt, ob mich die Mamsell Anna mag! Ich hab mich deshalb als soliber Mensch an Ihnen als Mut= ter gewendet. daß's derowegen mit Ihrer Tochter reden sollten. Am nächsten Faschina, da machet ich grad eine neue Maskenlethanstalt auf, wär gleich unser Hochzeit.

Barb. Lieber Herr Wichtl, da müssen vor dem Herzenskammerl meiner Tochter schon selber um Einlaß anklopfen. Sie is noch in der Arbeit, kommens halt, wanns grad vorbeigeh'n a bißl später.

Wichtl. Was heut am heilg'n Abend is d'Mamsell noch so spät in der Arbeit. Ah! Is das a Fleiß! Wurd' das a brav's Weib!

Barb. (stolz). Wahr is schon, daß Aner mit uns'rer Anna sei' Glück machet! Obs jetzt a Graf oder a Commis wär!

Wichtl (eifrig). Was Graf! A Fürst dürft froh sein, wenn er so a Anna krieget! Und wie solid als is, wanns fürn Herr Vater um Bandeln oder a Unterfutter zu uns ins Gewölb kommen is, hats mich net a anzigs's mal recht an= g'schaut, und von an in d'Arm zwicken lassen war schon gar ka Idee! Sehens da hab ich mir so im stillen denkt: Sixt Wichtl, das das Madl wär so ein Weib für Dich. Hab mich im stillen verl'ebt in sie und mich im Stillen erkun= bigt, wer und woher sie is! Seit dem ersten Bandl, was bei mir kauft hat, war die Bandlerei bei mir in Stillen schon fertig!

Barb. Ja so redens einmal laut und offen mit ihr, vielleicht werdens noch mein Schwiegersohn! Aber wie g'sagt Herr v. Wichtl i red' ihr net zu, und net ab, denn wie man sich bett, so schlaft man.

Wichtl (seufzend) Na so werd ich mir halt in Gottesnamen endlich a Herz fassen und heut ihr als Christgeschenk zum Christkindl mein treues Herz offeriren. In einer Stund' werd' ich halt mein Anwurf riskiren!

Barb. Ja thuns das, Herr Wichtl, bis dahin is b'Anna schon z'Haus, empfehle mich!

Wichtl (gibt ihr die Hand). Hab' die Ehre, Madame Stich! (komisch seufzend ab).

Barb. Na, der is in meine Nettl schon verbrennt und sie weiß noch gar nix davon. Wär' mir recht, wanns möcht, is recht a solider ordentlicher Mensch, damits den Windbeutel, den ehemaligen Studenten amal vergißt, der seit er a reicher Graf is, auf Reisen gangen is und von sich gar nix mehr hörn und seh'n lassen hat.

2. Scene.

Barbara, Stich (verdrießlich mit Carl und Franzl v. v. M.)

Carl u. Franzl. Mit'n Christbaum ist heuer nix!

Stich. Röhrt's net a so, s'wird schon noch was wern! s'is erst ³/₄ auf 7 und alle Vorstellungen fangen erst nach 7 an! Alsdan flennts net, sonst kriegts von mir aber kane vergoldeten.

Barb. (trocknet Franzl die Augen). Weint's net Kinder! Alter, haben wir denn gar nichts g'schwind zum Versetzen?

Stich. Du kennst ja unsere Schätze besser als i!

Barb. Das sein unsere Schätz, unsre Kinder!

Stich. Ich glaub schwerlich, daß auf die Schätz was kriegst! Uebrigens i geb's a gar net her, weils für mein Vaterherz unschätzbar sein (launig) Weißt was Alte versetz mei großes Wegeleisen. Vorn neuen Jahr wird eh nix mehr g'arbeit und nach'n neuen Jahr vielleicht a net, denn da versetzen t'Leut ihna Gewand, daß am Ball geh'n können, alsdann gibts eh nix zum Flicken und aufgleichbegeln!

Barb. Ich bitt Dich Alter sei net so leichtsinnig! n'Werkzeug versetzen, scham' Dich vor die Kinder!

Stich. Ich scham mich nur, wann ich ka Geld hab'! Dieser Schand mich zu überheben, versetzen mas Wegeleisen; 2 fl. kriegst doch drauf. Da kaufen wir den Kindern ein leeren Tannenbaum um 50 kr. a g'färbts Papier blau, roth, gelb und grün auf die Ketten und Mäschen und um 1 fl. Lichteln und Zuckerln und der Christbaum is fertig.

Carl (weinerlich) A Goldpapier brauchen ma jo a!

Franzl. Und a Gredl zum Aufhängen drauf!

Stich. Richtig s'Begeleisen glent net! Alte da mußt schon n'Begelladen a draufgeben is gleich um 1 fl. mehr.

Barb. Mann bring' mich net zur Verzweiflung! Apropos a Freier unserer Anna war da!

Stich. So? Hätst Dir derweil von ihm an Vorschuß auf ein Christbam geben lassen.

Barb. Was fällt dir denn ein? Hast du an Rausch?

Stich (wehmüthig). Ja vom Zuschau'n, wie die Hechten und Karpfen am Platz in Podding so viel Wasser schlicken than.

Barb. (wendet sich von ihm). Mit Dir is heut' ka g'scheidt's Wort z'red'n!

Carl u. Franzl (weinerlich) Vater sieberne wird's schon sein, aber der Christbam kommt no alleweil net!

Stich. Fratzen! Sefirts mi net, s'ist erst halber siebene!

Carl u. Franzl. Ja und zuvor wars schon stark 3/4!

Stich. Net wahr is, unser Uhr geht heut voraus.

Carl u. Franzl. Wir haben ja gar ka Uhr!

Stich. Richtig! Wir haben kane (ärgerlich). Daß —

3. Scene.

Vorige Moses Feitel (ohne Bündel).

Feitel. Allerseits guten Abend!

Herr Stich Sie haben heut an großen Festtag!

Stich. Eigentlich mehr G'fret-tag!

Feitel. Du lieber Gott mit 2 Stück! Begreiflich! Ich hab' mir wohl gedenkt Sie werden krieg'n von mir auf die Wochen a große Arbeit. — Ich geb' ihnen derweil 5 fl. a Conto! Sie sein a ehrlicher Mann, Sie werdens schon abarbeiten, —

Barb. Sixt es Alter! Und Du hast's Begeleisen Versetzen woll'n!

Stich. Keppel net Alte! (jubelt) Juhe Kinder, küßt's 'n Hausirer die Hand! Seht's der Jud spendirt Enk an Christbaum (umarmt ihn). Herr Moses, Sie müssen gleich dableiben und die Freud' mit uns theilen.

Carl u. Franzl (springen lustig) Juhe Mutter! Jetzt krieg'n wir halt doch heuer auch unsern Christbaum!

Feitel. Nun, wenn Sie erlauben, will ich mir anschau'n die Freud von die Kinder, iach bin so a großer Kinderfreund und mei Kalle will mir nix machen die Freud!

Barb: Aber Alter was halt's n'Herrn Moses auf, er is ja —

Feitel (einfallend) a Jud' woll'n Sie sag'n und a Jud' hat an den christlichen Feiertag in an christlichen Haus nix zu sein. Liebe Frau! Die Reichen von unsere Leut kaafen jetzt aach schon ihren Kindern Christbam, damit sollen haben die Kinder a Freud' an die Lichteln und allerhand Präsenten, wie die christlichen Kinder an den Tag und warum nicht? Kind is Kind! Das waas noch nicht an Unterschied zwischen Jud und Christ! weil wir eben sein alle Menschen mit einem empfänglichen Herzen für Leid und Freud! Aber ich will gehen, Madam, um nix zu beleidigen ihr frommes Gefühl!

Barb. (verlegen). Nein Herr Moses, ich hab ihnen ja nicht weh' thun woll'n!

Stich. s'Is a dummes Weib, was net a so nimmt. Bruder Jud Du bleibst da, du hast dein Entree zahlt 5. fl. Kinder jetzt kommts am Markt.

Carl u. Franzl (springen). Juhe! Jetzt wird einkauft was Platz hat!

Stich. Und i bring mir an Donaukarpfen von a 6 Pfd. mit. Moses Dir verdank ich's heut, daß i noch Fisch krieg! Bleibt's lieber z'Haus Kinder und helfts der Mutter für'n heiligen Abend Alles herichten.

Carl u. Franzl. Nur recht an großen, Herr Vater!

Stich. So groß, daß er gar net bei der Thür herein kann!

Feitel. Wann d'Frau Mutter erlauben, werd' ich ihnen herrichten helfen und mir dabei denken s'muß doch a recht a große Freud sein, wann man a so kann machen a Freud' sein' eignen Fleisch und Blut! O Kalle! Warum können wir nit aach haben so eppas a

häusliche Freud', werd's aber in Rabbiner klag'n!

Barb. Sein's g'scheidt Herr Moses, was net is kann no alleweil wern! Na so kommts Alle und helfts mir n'Tisch herrrichten.

Carl. Herr Vater, vergeßens auf b'Aepfel und Nuß net?

Franzl. Und recht a groß Labl Kletzenbrod!

Feitel. Gott über die Welt s'is doch schön noch a Kind zu sein (Kinder u. Feitel links ab).

4. Scene.
Stich (allein).

Wahr is, unser Herrgott verlaßt an ehrlichen Deutschen net aber die Böhm — a net!

Couplet.

(dann d. Mitte ab).

5. Scene.

Barbara, Feitel, Franzl mit Kar (aus links Teller, Gläser tragend auf den großen Tisch (dann) Stich, Anna und Hanns als Corporal.

Barb. Der Tisch für'n Christbaum kommt in d'Mitten.

Carl und Franzl. Ja welcher Tisch denn?

Barb. Der aus der Kammer, an dem unser ehemalige Student nix studirt hat!

Feitel. Ich werd'n gleich trag'n heraus. (rechts ab.

Barb. Hab' mir net denkt, daß a Jud so a guter Mensch sein kann.

Stich freudig)zurückkehrend.) Mutter, Ate, was glaubst, was für a Bisit, daß i auf der Gassen gleich halb rechts gemacht hab!

Barb. Der Herr Graf?

Stich. Warum net gar, der denkt grad mehr an uns!

Barb. Na, wer denn?

Stich. Schau nur hin, Mutter, da kommens schon!

Carl und Franzl. Der Bruder Hanns is da!

Anna (eintretend) Ich hab'n mitbracht als Weihnachtsbescheerung! Wir sein uns grad zufällig begegnet, wie ich aus der Arbeit bin.

Hanns. (stürzt den Eltern um den Hals) Frau Mutter! Herr Vater! Da bin ich als a ganzer, ka Bankl fehlt (küßt Carl und Franzl). Grüß enk Gott Kinder!

Barb. (überrascht) Mein Gott Hans! Was siechst denn? Du bist ja —

Hanns (salutirend.) Seit 14 Tagen wirklicher Corporal bei Hoch und Deutschmeister! Mein Herr Hauptmann hat mir vier Tag Urlaub bewilligt, daß i 'n heiligen Abend bei meinen lieb'n Eltern zubringen darf.

Stich. Alte, schau Dir unsern Hanns gut an! In den Herr Corporal steckt vielleicht a künftiger Radetzkh, ders 99. Jahr wieder revanchirt!

Feitel (bringt den Tisch aus rechts) So liebe Madam, da is der Tisch, wo soll er wern hingestellt?

Barb. In d'Mitten kommt er her (z. Hanns) Da kommt der Christbaum drauf.

Carl und Franzl. Hab'ts ös kan Christbaum in der Kasern?

Hans. Nein, lieber Carl. Wir Soldaten brauchen Tannenreis zu Feldsträußln und zu kein Christbaum!

Franzl (zu Stich) Hast'n schon bracht, Herr Vater?

Stich. Sapperlot Nein! Weil mir der Hans grad in Wurf kommen is, aber glei geh i! Wo is denn heut mei Hut?

Carl und Franz. Hahaha! Der Vater habn ja auf!

Stich. J — i weiß gar net wo mir auf einmal der Kopf steht?

Feitel (z. Hans) Gotts Wunder, der Musje Hans hat gar schon zwei Sternbl! Zwar noch kane silberne, wird aber noch wern mit der Zeit.

6. Scene.

Vorige. Wichtl. (schüchtern d. die Mitte.).

Wichtl (halblaut). O, Gott, Das is sie schon (laut). Glückseligen Abend allerseits.

Barb. Ah, der Herr v. Wichtl! Kommens nur näher! Herr von Wichtl!

Stich, Hans, Feitel. Der Herr von Wichtl.

Barb. Na Anna, kennst den Herrn net? 'n Herrn v. Wichtl?

Die Obigen. 'n Herrn von Wichtl?

Anna (freundlich). Ja vom G'wölb aus.

Barb. Und weißt was Neues,

Anna? Er hat bei mir um Deine Hand ang'halten, der Herr von Wichtl.

Die Obigen. Der Herr von Wichtl.

Anna (überrascht). Um meine Hand!

Barb. (z. Wichtl). Eingleit, hab i die Sach, jetzt machens die G'schicht aus.

Wichtl (z. Anna). Ja Mamsell Anna! Ich bin damisch in Ihnen verliebt. Sie sein so sauber, so solid, so brav und wanns Ihner recht is, so heirath ich Ihnen am nächsten Fasching. Ich krieg bis dahin ein eigenes Geschäft!

Anna (verlegen.) Herr Wichtl! Dieser Antrag kommt mir so unverhofft, ich bin so überrascht davon, daß ich Ihnen schon um a paar Tag Bedenkzeit bitten muß.

Wichtl. Aber höchstens 48 Stund sonst bringt mich die Ungewißheit um!

Stich. Na und ich der Vater werd' gar net g'fragt?

Wichtl. Verzeihens Herr Stich! Ich — ich hab glaubt, s'hat schon ihre Frau mit Ihnen darüber gesprochen. Ich bin ein ehrlicher Mann hab a paar Gulden.

Stich (einfallend) Is schon recht! Kenn Ihnen ja eh vom Gewölb aus! na also in 48 Stunden werns ja wissen wie's dran sein.

Wichtel (zu Anna!) So geh' ich also doch nicht ganz hoffnungslos! L Mamsell Anna! Mein Herz, mein Leben, vergnügten heiligen Abend, hab die Ehre allerseits (ab).

Alle.

Adieu! Herr v. Wichtl!

Feitel. Is eppas a Commis. Ich kenn ihm. Sehr a sparsamer Mensch, verschachert nix n'Hausirer tragt Alles selber bis es hier ist. Haast ö Oekonomie!

7. Scene.

Vorige (ohne Wichtl) **Peter u. Paul** (bringen ein riesigen Christbaum und große Pakete).

Peter und Paul (eintretend) Schneidermeister Stich hier?

Stich. Allemal Sie wünschen?

Alle (überrascht) Was is denn das?

Carl u. Franzl. Der Christbaum! Der Christbaum!

Peter. Vom Herrn Grafen von Sternberg für die Kinder und das für die Großen (zeigt auf die Pakete).

Paul. Solln sich dran vergnügen! Wo kommt denn Alles hin?

Barb. Bitt' meine Herrn nur da auf'n Tisch. —

Alle. Von Herrn Grafen von Sternberg!

Feitel. Is das ä rarer Mann!

Peter u. Paul (ein Trinkgeld abwartend) No adieu (unter sich) Armseliges Volk! Net a mal was auf a Maß Wein! Und so a Plag mit der Schlepperei! (laut) Adieus!

Alle (anzündend) A, Ah! Der schöne Christbaum, die Menge Licht'ln!

Barb. Kost wenigstens 20 fl.

Stich. Sehts Kinder! Ein solchen hätt' i enk gewiß net hambracht.

Carl (jubelnd). A, Schachtel Soldaten! 2 Kanonen die, g'hörn mir!

Stich. Freilich! Du bist a Bub mußt schon frühzeitig s'Soldatenspielen lernen. Aufmarschiren, Niederschießen und was halt beim Militär Brauch is!

Franzl (jubelnd) Da schau'ns her Mutter! Schwester a Schachtel Kuchelg'schier a Zimmereinrichtung und a schöne Gretel!

Stich. Schau die Gretel gut an, daß du net a amal so a Putzgredl wirst. —

Carl und Franzl. Und die menge Bacherei.

Stich. Halt! Alte! Das ist ja für uns (gibt Barb. 1 Paket) Da hast Alte, das is für di! Und das is für mi (Beide öffnen es) Sapperlot was is denn das? n'seligen Grafen sei verstorbener Rock, den i auftrennt hab'! Ah da muß i bitten! Ah schönes Präsent (greift in die Tasche hinein). Himmel da greif i was?

Alle. Was denn, Herr Vater?

Stich. So warts nur gleich (zieht ein Paket heraus). Dem ehemaligen Flickschneider Lorenz Stich zum Weihnachtsabend diesen Rock zur Erinnerung und beiliegend 1000 fl. zum Lohne seiner Ehrlichkeit! (schreit) 1000 fl. ich

fall um! Kinder halts mich! Jetzt san mir der Rothschild!

Alle. 1000 fl.

Barb. Is das heut a heiliger Abend! Gelt Alter?

Alle. Na Frau Mutter! Was haben denn Sie kriegt?

Barb. (Kleiderstoff nehmend). Ui! Mei Lorenz, den schön Kleiderstoff!

Carl und Franzl (jubelnd). Juchhe! Is das heuer a bravs Christkindl!

Hanns (z. Anna) Na Schwester und auf Dich hat der Graf ganz vergessen, Du allein gehst leer aus.

Feitel. Wirklich a klane Schmutzerei! Net amal a Brazelet oder a Ringel (es läutet).

Anna (traurig). Ich bins ja g'wohnt, vergessen zwern. Heut vor 3 Jahren war mein Herz so selig. Der Graf weiß wohl, daß mir das reiche Geschenk die Wehmuth net stillen könnt! Ich will heut vor den nämlichen Altar, wo er mir vor 3 Jahren in dieser heiligen Nacht Lieb' und Treu geschworen hat für sein Glück beten (verhüllt ihr Gesicht).

Alle. Die arme Anna!

Stich. Meiner Seel i bin im Stand und schick den Herr Grafen Alles wieder zurück!

Barb. Sei so gut, so a Beleidigung.

Hanns. Nein Herr Vater das geht nicht!

Feitel. Gott Du Gerechter! Mir drukts mei Herz ab! Alles

freut sich, nur der armen Anna macht heut Niemand a Freud!

Letzte Scene.

Vorige. Graf dann Ferdinand.

Graf (hört's im Eintreten.) Doch, doch, ehrlicher Moses! Ich bring ihr grad zum heiligen Abend das liebste Geschenk!

Alle (überrascht). Der Herr Graf.

Graf. Nun, schöne Anna. Wenn Sie die Gabe aus meiner Hand verschmähn!

Anna (wehmüthig) Herr Graf.

Carl und Franzl. Ui, jetzt kommt no was.

Stich. Fratzen! Halts net's Maul.

Graf (winkt zur Thür hinaus).

Nun denn herein mit meinem Weihnachtsgeschenk für die schöne Anna, daß sie Zeitlebens treu bewahren möge.

Ferd. (stürzt herein). Anna! Was ich Dir vor 3 Jahren an diesem heiligen Abend geschworen, als Mann von Ehre, löse ich mein Wort heute ein.

Anna! Ferdinand!

Graf. Meinen Segen.

Schlußgesang. (Stich. Der Graf hat uns all'n an Christbaum gebracht

Und hat damit uns alle glücklich gemacht

Und soll damit 's Publikum z'frieden gwest sein,

So kehrt bei uns immer der Seg'n Gottes ein.

Alle. So kehrt bei uns immer der Seg'n Gottes ein.

Ende des Stückes